사랑
연습

니클라스 루만

사랑: 연습

안드레 키절링 펴냄

이철 옮김

Niklas Luhmann

Liebe : Eine Übung

André Kieserling

사랑: 연습

인　　쇄	2017년 9월 1일
발　　행	2017년 9월 1일
저　　자	니클라스 루만
편　　집	안드레 키젤링
번　　역	이 철
펴 낸 곳	이론출판사 (yeol6204@gmail.com)
펴 낸 이	현숙열
주　　소	서울특별시 중랑구 겸재로40길 8, E-202
전　　화	070-7522-2700
팩　　스	0504-1666-149
출판등록	323-2014-000062(2014. 07. 07)
I S B N	979-11-955289-5-0
가　　격	9,800원

Niklas Luhmann
Liebe : Eine Übung
ⓒ 2008, Suhrkamp, Berlin, Germany.
All rights reserved.

Korean Translation Copyright ⓒ 2016 by Theorie Publishing

This Korean edition is published by arrangement with Suhrkamp Verlag through Bestun Agency, Korea.

이 책의 한국어판 저작권은 베스툰 에이전시를 통한 저작권자와의 독점 계약으로 이론 출판사에 있습니다.
신저작권법에 의해 한국 내에서 보호를 받는 저작물이므로 무단 전재와 복제를 금합니다.

차 례

역자 서문
13

열정으로서의 사랑 (1969)
25

편집자 주
111

역자 서문

이 책은 니클라스 루만이 1969년에 집필해 두었던 유고가 그의 사후 2008년에 발견되어 *Liebe: Eine Übung*(사랑: 연습)이라는 제목으로 출간된 책의 국역본이다. 발견된 유고는 『열정으로서의 사랑(Liebe als Passion): 연습, 1969년 여름학기』라는 제목을 달고 있었다. "열정으로서의 사랑"이라는 제목은 "친밀성의 코드화를 위하여"라는 부제와 함께 이미 1982년(국역본, 2009년)에 출간되었다. 1982년의 책이 근대사회의 다른 부문들(정치, 경제, 과학, 종교 등)과 비교하는 가운데 사랑의 이념사를 추적했다면, 이 책은 근대적인 사랑 관계를 사회학적으로 분석하였다. 13년 늦게 집필된 책이 사랑이라는 친밀체계와 특수의미론의 생성과 변천에 관한 체계이론적인 분석이라면, 이 책은 보다 근본적인 체계이론적 개념인 소통매체 개념을 분명하게 활용하고 있다. 이 책은 일반 대중을 그 대상으로 하고 있어서, 이 글의 저자인 니클라스 루만과 그의 사상을 먼저 소개한 후, 이 책의 의의와 장점들을 약술하겠다.

니클라스 루만은 1927년 12월 8일 독일 북부의 뤼네부르크에서 양조업자인 아버지와 스위스 베른의 호텔리어 집안 출신인 어머니의 장남으로 태어났다. 1944년 17세의 루만은 공군보조병으로 2차대전에 투입되었다가 종전과 함께 포로수용소에 수용된다. 이때 루만은 미군도 폭력을 행사한다는 사실을 체험하는데, 이 일은 그가 이후의 여러 인터뷰에서 되풀이하여 말할 정도로 그의 세계관 형성에 중요한 영향을 미쳤다. 수용소에서 석방된 루만은 프라이부르크 대학에서 법학을 공부하여 23세에 국가고등고시에 합격한다. 루만은 그 후 2년간의 시보 생활을 거쳐, 니더작센 주 교육부에서 나치의 범죄행위를 복구하여 기록하는 담당관(1956-1962)으로 근무했다.

루만은 정식 공무원 생활을 시작한 25세에, 나중에 자신과 함께 유명해진 메모상자를 만들기 시작했으며, 횔더린, 데카르트, 말리노브스티, 래디클리프브라운, 후설 등을 읽으며 독학을 시작한다. 루만은 1961/1962년 34세가 되던 해에, 독일의 행정관료 연수생들을 초대하는 미국정부 장학금으로 하버드 대학 행정학과에서 1년간 수학할 기회를 얻는다. 여기서 루만은 구조-기능주의를 창안한 미국의 사회학자 탤컷 파슨스와의 만남을 모색하고 파슨스가 개최한 세미나에 참석하여, 당시 구상 중이던 기능-구조주의 맥락에서의 기능 개념을 토론한다. 귀국 후 루만은 슈파이어(Speyer)에 있는 행정학대학연구소 연구원을 거쳐(1962-1965), 사회학자 헬무트 셸스키(H. Schelsky)의 눈에 띄어 뮌스터 대학 사회조사연구소장으로 임명된다. 루만은 1966년 뮌스터 대학 법학부와 사회과학부에서 사회과학 박사학위와 교수자격논문심사를 같은 해에 통과한다. 그후 루만은 헬무트 셸스키가 주도한 빌레펠트 대학 사회학 대학의 1호 교수로 부임한다.

루만은 1969년 빌레펠트 대학에 교수로 취임한 직후 연구 계획서를 제출하라는 학교의 요청에 "연구계획: 사회이론, 연구기간: 30년, 연구비: 0원"이라는 내용만 담은 계획서를 제출한다. 루만은 1993년 2월 빌레펠트대학에서 정년퇴임하고 1998년 11월 6일 71세의 나이에 타계하기까지 "사회이론"의 구축에 매진한다. 루만은 30년 사회이론 프로젝트를 통해, 앞서 말했듯이 사랑뿐만 아니라, 정치, 경제, 과학, 예술, 종교, 교육, 대중매체, 친밀체계, 가족, 조직 등을 근대사회의 새로운 현상으로 분석하여, 이러한 분화 현상들의 종합으로서 "사회이론"을 구축하였다. 루만은 필생의 사업인 사회이론 프로젝트를 수행하는 과정에서, 70여 권의 저작, 삼십 여권의 유고들, 460여 편의 공식 논문을 생산하였다.

루만의 사회학은 베버, 뒤르켐, 짐멜, 파레토 등의 고전사회학자들의 작업을 탤컷 파슨스가 종합하여 발전시킨 단계를, 20세기 후반의 상황에 맞게 더욱 현대화시켰다. 현대화시켰다는 말은 이론 유형 자체를 작동이론으로 선택하는 이론적 급진화를 감행했다는 뜻이다. 이론적 급진화는 그의 이론의 난해성으로 나타나기는 하지만, 현재 독일어권에서는 그러한 소통의 어려움을 극복하려는 입문서만도 30여 종이 출간되어 초학제적 수용이 확산 중이다. 이러한 초학제적 수용은 루만 이론이 개별 분야들에 대한 특수한 분석들에서 탁월한 관점을 제공하는 동시에, 개별 분야들을 전체 사회적 맥락에서 분석하고 있어서, 체계이론을 수용하는 모든 학문 분과가 수혜를 입고 있다.

루만은 체계이론을 보편 이론으로서 개발하여, 모든 다양한 분야들에 적용한다. 여기서 "체계"란 경계 유지 활동들의 시간적인 연쇄를 뜻한다. 다른 것으로부터 자신을 분리하는 자기 확인 작동들의 연쇄는 "자기생산체계"를 가능하게 한다. 세계는 지금까지 단 세 가지 종류의 자기생산체계들만을 허용했다. 생명작동에서 생명작동으로 이어지는 생물학적 체계, 생각에서 생각으로 이어지는 심리적 체계, 소통에서 소통으로 이어지는 사회적 체계가 그것이다. 인간은 생물학적 체계-심리적 체계-사회적 체계의 연동이다. 사회는 심리적 체계(생각)를 전제조건으로 삼기만 할 뿐, 실제로는 심리적 체계(생각)를 배제하는 소통 작동이다. 이러한 루만의 방법론은 유심론도 유물론도 배제하며, 이성과 감정의 구별도 배제한다.

사랑도 이런 맥락에서 관찰될 수 있으며, 그러한 관

찰의 두 측면을 루만은 1982년에 출간하였고 1969년에 타이핑해두었다. 그래서 두 책 모두 사랑을 감정이 아니라 의식과 소통의 공동작용의 결과로서 본다. 또한 이 책은 사랑을 근대사회 문제의 해결을 위한 여러 방식 가운데 하나로서 다루고 있으며, ─루만의 모든 분석에서 그러한 것처럼─ 그러한 문제 해결이 파생시키는 새로운 문제들을 분석하고 있다. 사랑이 인간의 다른 모든 행위와 마찬가지로 소통을 통해 확인되고 발전된다는 점은 개인으로 하여금 자기 확인의 소중한 감정을 느낄 수 있게 해줄 뿐만 아니라, 그러한 개인들이 다른 분야에서 자신감 있게 활동하게 하는 사회 차원의 효과도 있다. 하지만 그러한 집중화된 소통은 나의 심리와 너의 심리에 대해서 뿐만 아니라, 그런 심리들의 안정과 변화에 영향을 받는 관계에 대해서도 일정한 영향을 미쳐서, 개인적인 관계의 파탄과 사회 차원의 비용을 초래하기도 한다.

루만은 '뜨거운' 사랑을 '차갑게' 분석함으로써, 그러한 사랑이 보다 지속적으로 효과를 발휘하기를 내심 바라고 있는 것이다. 루만의 분석은 개인 차원에서뿐만 아니라 사회 차원에 걸쳐 있다. 루만은 까다로운 사랑을 잘 '연습'하여 친밀 소통을 잘 다루어내고, 사회의 통합 기능을 떠안은 친밀체계가 잘 유지될 수 있을 방안을 고민하라고 근대사회에 제언한다.
그러기 위해서는 심리와 심리들 사이에서 일어나는 소통이, 어떻게 하면 선택과 동기화에 성공하여, 심리를 만족시키는 관계들과, 관계들을 만족시키는 심리 상태들을 만들어낼 수 있을지를 연구하여야 할 것이다. 그 연구를 위해서는 근대사회의 사랑이 사회적 체계의 구조 원칙으로서 그리고 진화상 발생하기 어려운 제도로서 기회와 위험 둘 다를 가지고 있음을 볼 수 있어야 할 것이다. 그래서 사랑의 소통이 한 편으로는 지불이냐 비지불이냐의 경제 소통, 여당이냐 야당이냐의 권력 위임을 위한 정치 소통, 진리냐 허위냐의 학문 소통과 정확하게 분리되어야 할 뿐만 아니라, 다른 한 편으로는 전통적인 가족체계와 근대사회의 새로운 현상인 조직체계와의 관계 정립에 성공하여야 할 것이다. 이러한 과제를 해결하기 위한 사고의 단초는 사랑을 냉철하게 분석한 이 책 이외의 다른 곳에서 얻을 수 없을 것이다.
사랑을 실천하려는 모든 이들에게, 아마 루만은 하버

마스가 말하는 상호주관성(Intersubjectivity)이란 없다는 말을 해주고 싶어 할 것이다. 상호주관성은 근대 인문과학의 최대의 착각이다. 그것은 경험적으로 실현될 수 없다. 오직 내가 생각하는 너와, 네가 생각하는 내가 서로의 사이에 펼쳐지는 소통 공간을 계기로 하여 각자 하고 싶은 말과 하고 싶은 생각을 하고 있을 뿐이다. 그래도 행복하고자 한다면, 그래도 연인의 행복에 도움이 되고자 하는 사람들은, 소통의 화자와 청자가 항상 다른 지점을 보면서 소통에 임한다는 사실을 정확하게 깨달아야 할 것이다. 흔히 간과하는 이러한 소통의 불일치는 천상에서 맺어진 결혼을 자동차 안에서 갈라서도록 만들기 쉽기 때문이다. 길지만 교훈적인 루만 원문을 인용하고자 한다.

"행위자들은 상황을 더 많이 지향하며, 관찰자들은 인물들의 속성을 더 많이 감안한다. 그리고 이것은 신뢰나 사랑을 가늠하여 상대편의 안정된 태도를 예상할 수 있을지 알고자 하는 관찰자들의 경우에 더욱 타당할 것이다. 그래서 운전자는 상황에 대처할 최고의 운전기술이 있다고 확신하는 반면, 동승자들은 그 운전자를 관찰하며 그의 특이한 운전 행동을 인물의 속성으로 귀속시킨다. 그러고는 동승자는 운전자가 자신에게 중요한 사람이고 자신이 운전자의 배려를 받고 있음을 기대할 수 있다고 생각하면, 자신이라면 어떻게 운전할 것인지 아니면 그런 식으로 운전할 때의 승차감을 느끼고 싶다는 것을 동승자에게 통보해야겠다고 생각한다. 반면 운전자는 그때그때 자신의 행동의 이유들을 이미 지나쳐 왔는데, 좌우간 그 이유들을 체험했다면 상황의 맥락에서 체험한 것이지 그 체험을 자신과 동승자의 개인적 관계라는 차원에까지 옮겨서 생각하고 있는 것은 아니다. 그래서 결혼은 천상에서 맺어지지만, 자동차 안에서 갈라선다. 왜냐하면 대체로 소통으로 다루어낼 수 없는 귀속의 갈등들에 직면하기 때문이다." (Luhmann, 1984, *Soziale Systeme*. 308-309).

소통은 참여자들에게 공통의 의미 영역을 만들어주지 않는다. 소통은 상황을 지향하며 그 맥락에서 체험하는 행위자와, 행위자의 속성을 체험하여 자신과의 관계 차원에서 문제화하는 관찰자 사이의 구조적인 갈등만 만들어낼 뿐이다.
이 책의 번역 원고의 많은 부분에 대해 치밀하고 세련된 교정을 제안해 준 동양대 최종인 교수, 중앙승가대 유승무 교수, 광주대 김미경 교수에게 감사의 마음을 전한다. 교정과 출간을 담당한 이론출판에 감사한다.

2017년 5월 이 철

일러두기

· 번역 원본으로는 *Liebe : Eine Übung*, Berlin, Suhrkamp, 2008을 사용하였다.
· 원문에서 이탤릭체로 강조된 부분은 이 책에서는 진한 활자로 강조했다.
· 역자 주는 텍스트 내에서 괄호 안에 기록하였다.
· 그 밖에 옮긴이가 덧붙인 말은 [ ] 안에 넣었다.

열정으로서의 사랑

연습, 1969년 여름 학기

사랑이 의심할 여지없이 중요한 사회적 사실임에도 불구하고 그리고 오랜 전통을 가진 문학의 주제임에도 불구하고, 사랑이라는 현상에 대해서는 지금까지 이렇다 할 사회학적 연구가 이루어지지 않았다. 물론 몇몇 주요 사전 연구들을 언급할 수는 있다. 사랑의 부분 측면들을 다룬 몇몇 경험 연구들과 재치 있고 예리한 성찰들을 가지고 사랑에 대한 연구가 충분히 만족할 만하게 이루어졌다고 평가할 수도 있을 것이다. 하지만 사랑을 주제로 다룬 수준 높은 이론적인 연구는 아직 없다 — 그 이유는 아마도 그렇게 복잡하고 그렇게 구체적이면서도 그렇게 광범위한 일상생활의 현상[인 사랑]을 적절하게 다루어낼 이론적 구상이 아직 없다는 데에 있을 것이다.

이하의 논의에서는 바로 그러한 이론적 구상을 시도할 것이다. 이 책의 고려들은 사회적 체계의 이론에 관해 이미 다른 문헌에서 출간한 제안들에 기초한다.[1] 우리는 이 제안들의 맥락에서 **소통매체** 개념을 이끌어낼 것이다. 1장에서는 이 개념을 설명하고 사랑이라는 특수 사례에 적용하는 작업을 실행할 것이다. 이때 사랑은 현상의 구체적인 독특성에서 자기 스스로에만 제한된 채 다루어지지 않을 것이다. 그보다는 사랑은 [소통] 체계의 구조에 의존하며 다른 문제 해결 방식과 비교 가능한 문제 해결 방식으로서 이해될 것이다. 제 2장에서는 이 토대에서, 이러한 사랑이라는 소통매체가 사회의 발전 과정에서 더 분명하게 요구되고 그래서 사회 차원에서 분화되어 고유한 속성과 특수한 기능을 갖추는 방향으로 제도화

---

1) Niklas Luhmann, "Soziologie als Therorie sozialer Systeme", *Kölner Zeitschrift für Soziologie und Sozialpsychologie 19* (1967): 615-644를 볼 것. 재인쇄는 Niklas Luhmann, *Soziologische Aufklärung I: Aufsätze zur Theorie sozialer Systeme*, 6. Aufl. Opladen 1991, 113-136.

되었다는 사실과 그렇게 제도화된 방식을 보여줄 것이다. 이 과정에서 성(性)과 사랑의 관계는 완전히 새로운 의미를 얻는다(3장). 제 4장과 5장에서는 사랑에 관련된 이러한 구조 변동이 초래하는 문제들을 밝히고자 시도할 것이다.

이와 동시에 우리는 소통매체라는 범주를 통해, 사랑을 이 연관 관계에서 객관적으로 파악할 수 있는 특정한 종류의 감정으로 다루거나 인과적인 근거를 갖추거나 인간의 유기체나 심리적 체계의 방향으로 기능화하지 않겠다고 결정하였다. 우리의 주장을 위해서는, 역으로 감정 상황의 일정한 양가성과 유연성이 근본적으로 중요하다(이 사정은 비록 사랑이라는 소통매체가 임의적인 동기구조와 양립할 수 없다는 것이 당연하더라도 그러하다). 부모로부터의 최초 독립의 성공, 성공이 불확실한 최초 만남에서의 흥분, 성적 파트너에게서 얻은 최초의 인정을 문화적인 고정관념에 힘입어 사랑으로서 해석하고, 그 다음에 사랑하게 되는 일은 전적으로 가능한 일일 것이다. 우리는 그것을 자기기만으로서, "원래적인" 감정으로서 다룰 것을 우리 스스로에게 강요하기보다, 많든 적든

문화적 사회화의 광범위한 효과들이 그러한 감정 해석에 있다고 본다. 우리는 심리적 체계 내에서 그러한 문화적 사회화를 어떻게 처리하는지에 관심을 갖기보다, 심리적 체계 내에서의 그러한 처리가 사회적 체계 내에서 갖는 기능을 밝히는 데에 더 많은 관심을 기울일 것이다.

1

인간의 보편적인 삶의 상황은 지나치게 복잡하고 우연적인 세계에 의해 특징지어져 있다. 세계는 체험과 행위의 가능성들을 매 순간 현실화될 수 있는 것보다 더 많이 감추고 있다는 점에서 복잡하며, 이 가능성들이 이 세계에서 전혀 달리 나타날 수 있거나 가능성 자체가 달리 변할 수 있다는 점에서 우연적이다. 이렇게 복잡하고 우연적인 세계에서 질서 유지를 가능하게 만들어주는 가장 중요한 도구는 인간들이 서로 같은 것을 말하고 있으며 앞으로도 그럴 것이라는 사실을 서로 확인할 수 있게 해주는 의미 형성과 소통이다. 소통은 구조화된 언어를 통해 인간이 이러한 세계에서 벗어나가면서 매우 다양한 선택을 할 수 있게 하는 데서 어느 정도 효과가 있다. 언어적 소통 외에 비언어적 소통도 있다. 비(非)언어적 소통은 말해진 단어의 해석을 위한 보조 수단이면서 또한 독자적인 의미전달 수단이기도 하다. 그래서 사랑을 다룰 때 이 비언어적 소통 방식은 아주 중요하며 필수불가결한 것이다.

언어적 소통이든 비언어적 소통이든 어느 한가지로는 내가 전달하려는 의미내용을 상대가 수용하게까지 할 수는 없다. 즉 고유한 체험과 행위의 전제로서 넘겨받게까지 하지는 못한다.[2] 바로 그러한 의미 있는 소통의 원래적인 성과, 다른 가능성들의 넓은 영역으로부터의 특정한 체험 관점들의 선택은 그렇게 선택된 의미가 수용될 것인지를 의문스럽게 만든다.

---

2) Claude E, Shannon/Warren Weaver, *The mathematical Theory of Communication*, Urbanna/Ill. 1949, 95-96의 "의미론적 문제"와 "효과성 문제"의 구별을 볼 것. 그리고 그 둘을 연결지으려는 시도로서 Russell L Ackoff, "Towards a behavioral Theory of Communication", *Management Science* 4 (1958): 218-234를 볼 것.

말하자면 상대는 **자신의** 선택을 [우리가 제시한 가능성과] **다르게** 결정할 수 있다는 것이다. 그래서 높은 복잡성과 우연성의 상호주관적으로 구성된 세계를, 대안이 풍부한 선택영역으로서 유지하는 것은, 인간들 사이의 교제에서 선택과 동기화를 동시에 실행하는 장치들을 전제한다. 우리는 이 장치를 **소통매체**라고 부르고자 한다. [소통매체는 소통을 용이하게 하고 촉진하는 상징들을 말한다. 언어, 문자가 대표적인 소통매체이며, 여기서 다루는 사랑 외에도 진리, 화폐, 권력, 승패 등도 소통매체가 될 수 있다.] 따라서 소통매체는 먼저 기능을 언급함으로써 정의될 수 있다(아직은 소통매체는 그 구체적인 구조나 과정을 통해 정의되는 것은 아니다). 소통매체는 선택 기제와 동기화 기제들을 서로 연결한다. [즉 사랑과 화폐 같은 특정한 소통매체가 선택될 뿐만 아니라, 그러한 선택 제안의 수용을 매력적으로 느껴지게 한다. 사랑이나 화폐는 연인이나 구매자에 의해 선택되어서, 연인관계를 수용하거나 구매 계약을 실행하도록 자극한다.] 소통매체들은 선택의 종류와 방식을 통해, 그렇게 선택된 의미를 수용하도록 동기화한다.

어떻게 이것이 가능할 것인지의 문제는 여기서는 더 이상 자세하게 다루지 않겠다.[3]

복수의 근본적으로 상이한, 선택을 통한 동기화 형식들이 있다. 즉 이렇게 고도로 추상적인 기능적 관점에서 등가인 것으로 나타나는 형식들이 있다. 사랑은 바로 이런 형식들 가운데 하나이다. 다른 형식들로는 진리, 권력, 돈, 예술을 들 수 있을 것이다.

일단 대략적으로 분류하면, 소통매체는 전달된 의미가 체험에 관련되느냐 행위에 관련되느냐에 따라 구별될 수 있다. 체험은 선택성이 세계 자체에 귀속되는 의미처리 방식이다. 행위는 선택성이 행위자 자체에 귀속되는 의미처리 방식이다. 구체적으로 보면, 모든 행위가 체험을 전제하고, 모든 체험이 행위를 전제한다는 것은 당연한 일이다. 체험과 행위의 구별은 일단은 분석적 가치가 있지만, 그 이상으로 체계들이 분화하여 복잡성 환원을 세계로 귀속시키는 경

---

3) 충족시키는 성과들을 규정해두지 않은 기능적 정의들의 이 개방성은 매우 이질적인 현상들을 비교 가능하게 만드는 장점이 있다. 그리고 그것은 그 개념 자체가 충족시키는 성과들의 연역과 완전성 통제를 가능하게 할 수 없다는 단점을 가지고 있다.

우나 아니면 체계로 귀속시키는 경우가 분리될 수 있다는 점에서 현실과 관련되어 있기도 하다. [모든 소통은 세계의 복잡성을 소통 차원으로 돌려놓는다. 연인을 둘러 싼 세계의 다차원적 복잡성은 그 둘의 연인 관계의 복잡성으로 환원된다. 그러한 소통은 그 원인이 세계에 있는 것으로 간주되어 체험의 대상이 되기도 한다. 예컨대 구애자가 새로운 방식으로 사랑을 고백하면, 소통은 그것을 체험으로서 수용한다. 반면 소통의 원인이 소통 자체에 있는 것으로 간주될 때에는 소통은 행위로서 이루어졌다. 예를 들어 사랑하는 사람이 연인 관계에 친숙한 방식에 따라 연인에게서 어떤 행동을 요구할 때에는, 그것은 소통을 통해 행위가 실행되는 것이다. 요약하면, 사랑의 소통은 체험을 통해 확장될 수도 있고, 행위를 통해 확인될 수도 있다.]

몇몇 소통매체들, 즉 권력과 돈은 일차적으로, 행위를 통한 결정으로서 이해되는 선택 성과들을 수용하도록 자극한다. 예를 들어 우리는 경제적인 만족 가능성들의 사회 차원의 잠재들로 인해 명령이나 선택을 수용한다. 이와 반대로 다른 매체들은 세계를 이미 규정되었거나 규정될 수 있는 의미로 확정하는 가운데 [선택 성과의] 수용을 규제한다 — 세계는 우주로서, 더 이상 모든 것이 가능하지 않은 질서로서 수용된다. 진리, 예술, 사랑을 모색하는 매체들의 기능은 이 방향에 있다. 그래서 이러한 매체들의 행위 적합성은 부정되지 않지만, 직접적으로 조종되기보다 매체에 의해 간접적으로 조종된다 — 이 구별은 설득력 있는 체험을 통해 중개되어서, 사랑이라는 소통매체에 대해 매우 중요한 최초의 윤곽을 부여한다. 사랑을 규정된 행위 — 예컨대 성적인 탐닉 — 에 대한 동기화로서만 해석하고자 한다면, 사랑은 적절하게 파악될 수 없을 것이다 — 이 행위가 매체 개념을 통해 미리 주어져 있든, 파트너에 의해 선택된 것으로서 ("요구되는 것으로서") 생각되든 상관없이 그렇다. 사랑은 처음에는 체험에 물을 들여서, 그럼으로써 체험과 행위의 지평으로서의 세계를 그 세계만의 고유한 총체성으로 바꾸어 버린다. 사랑은 특정한 사물들, 사건들, 인물들, 소통들에 특별한 설득력을 부여한다. 사랑은 2차적인 단계에서야 비로소, 자신의 상징적-표출적인, 사랑을 표현하는 의미내용 때문에 선택되거나, 연인과 합의한 것으로 알고 있는 특수한 세계, 즉 공유하는 취향의 세계, 대화 꽃이 피는 주제들의 세계, 함께 평가하는 사건들의 세계로 인해 추천 받는 행위를 하도록 자극한다. 행위 잠재나, 행위자가 상황에 따라 내리는 선택이 매체의 핵심이 되는 것이 아니라, [사랑의 상대인] 다른 인간의 존재와 체험 방식이 매체의 중심이 된다.

사랑과 관련하여 구조화되는 사회적 체계들은 사전에 확정되지 않은 다양한 주제들에 대한 소통적 개방성 ― 높은 리스크 ― 에 자기 자신을 내맡긴다. 상대방의 모든 체험이 공동의 체험이 되어야 하며, 둘 다 매일 체험하는 것을 서로에게 이야기하여야 하며, 자기 문제를 상대에게 펼쳐놓고 상대와 함께 해결하여야 한다. 사랑하는 사람들 사이에는 어떤 "전선(戰線)"도 있어서는 안 된다. 지어 내고, 말하지 않고, 방어하기만 한다든지, 말하지 않은 것을 숨기는 어떤것이 있어서는 안 된다. 그리고 사실상 그것은 다른 사람의 기대들에 대한 현실주의적인 기대를 위한 조건에 불과할 뿐, 미리 투사해보는 기대를 위한 조건은 아니다. 우리는 그러한 기대의 중요성을 나중에 다시 다루겠다. 특화되지 않은 소통적 개방성을 제도화하는 것은 비밀 엄수를 전제한다. 비밀 엄수는 인식 가능한 체계 경계에 의존하며, 친밀체계의 경우에는 두 파트너가 같은 체계 경계를 제각기 준수하며 이렇게 준수한다는 것을 알고 서로에게서 기대할 수 있다는 데에 의존한다. 이러한 요구들은 이념과, "동반자 관계(companionship)"라는 예견된 결혼 유형에서 표현되며, 이에 대하여는 미국 가족사회학에서 연구 중이며 그 실현성의 한계가 검토되고 있다. 이런 요구들은 현대 결혼제도에 이미 대부분 포함되어 있는 것으로 간주된다 ― 그렇다고 해서 이 요구들이 일반적으로 준수된다는 것을 뜻하기보다, 단지 사람들이 그러한 요구에 따르는 기대들을 대놓고 저버릴 수 없다는 것을 뜻할 뿐이다. 여자들은 "당신 오늘 왜 이렇게 늦었어요?"라고 물을 때, "그건 당신과 상관없는 일이잖아"와 같은 남편의 퉁명스런 대답으로 인해 창피함을 느낄 위험까지 무릅쓰는 것은 아니다. 그러나 그렇다고 해서 그녀가 진실한 대답을 듣게 하는 것까지 제도가 보장해주는 것은 아니다.

다른 체험 조종 매체들과 비교했을 때, 사랑은 매체

의 선택 형식과 동기화를 결합하는 방식에서 독특한 점이 있다. 진리 매체의 경우, 합리적인 사람들의 모임에서 배제되고 싶지 않다면 누구나 통보된 의미를 그대로 수용해야 한다는 소통 조건이 타당하다. 진리는 소통이 누구를 대상으로 하는지에 대해서는 개의치 않고, 함께 체험하는 중요한 모든 사람들을 공통의 세계관으로 결속시킨다(물론 그 사람들이 반드시 사람들 전체이어야 하는 것은 아니다). 이 때 개별적인 속성들은 아무런 역할도 하지 않는다. 있을 수 있는 체험의 괴리들은 세계에 귀속되지 않고 주관적인 체험 조건에 귀속되고, 이러한 괴리가 진리에 대한 반박으로 이어질 때에는 그 일탈적인 체험자를 미쳤거나 이상하거나 유치한 사람 등으로 취급하여, 관계되어 함께 체험한 사람들의 공동체에서 배제함으로써 이 문제를 해결한다. 과학적 진리 개념도 이러한 자연적 진리 개념의 형식 가운데 하나이며, 그런 진리 개념이 특수하게 나타난 현상에 불과하다.[4]

---

4) 더 자세하게 Niklas Luhmann, "Selbststeuerung der Wissenschaft", *Jahrbuch für Sozialwissenschaft 19* (1968): 147-170 을 참조할 것.

이와는 달리 사랑은 체험하는 사람들의 개별성이 일반화되지 않고 바로 환원의 기준 점이 되는 반대 조건에서 작동한다. 내가 사랑하는 사람이 특정한 방식으로 보고 느끼고 판단한다는 바로 그 이유로 나 역시 그의 세계관에 납득한다. 그가 이 경치, 이 사람들, 이 대화 주제들, 이 주거 형태와 이 취향을 선호한다는 이유로, 나는 다른 가능성들보다 이 가능성들이 의미가 훨씬 크다고 생각한다. 사랑은 진리의 보편성 조건을 갖지 않으며, 그래서 보다 구체적인 이웃세계를 증명할 수 있다. 사랑은 모든 이들에게 타당한 의미를 통해 제한되어 있는 것이 아니라, 보다 좁은 선택을 실행한다. 이 선택은 더 이상 모든 사람에게 적용될 수 없고 서로 사랑하는 이들에 대해서만 타당하며, 그들에게도 공통의 의미 부여로서 타당하고 다른 편이 수용해야 하는 한 편의 결정으로서 타당지는 않다는 점에서는 진리와 비슷한 점도 있다. [소통 내용의] 구체화와 의미 농축은 상호주관적인 전달 가능성의 제한 — 한계 경우에는 한 사람의 인간에 대한 — 을 통해 실현될 수 있다. 바로 그 때문에 사랑이라는 주제를 진리 능력이 있는 주제들로부터 확실하게 분리할 필요가 있다. 예컨대 결혼과 동시에 백과사전을 장만하여, 진리 차원에서 해결 가능한 차이들이, 개인적인 의견들, 즉 더 나아가 의견들에 대한 기대의 차이로 불거져서 그 때문에 사랑의 불화로 부풀지 않게 하는 것이 중요하다.

예술 또한 구체적인 개별성을 소통의 기준 점으로서 취한다. 그러나 이 때 개별성은 한 인간의 개별성이 아니라, 자신의 형식을 통해 세계를 질서지우는 사실적인 (물리적이거나 상징적인) 대상, 즉 그림, 선율, 대사, 이야기 또는 스스로를 표현하는 신체(무용, 마임 등)들의 개별성이다. 몸단장을 하거나, 요란하게 꾸미거나, 스스로를 예술작품으로 표현해 내는 것은 한 인간을 사랑할 가치가 있는 존재로 드러내지는 못하지만, 상호작용을 할 준비가 되어 있음을 표현하고, 상대를 유혹해 사랑할 만한 내면을 발견하라는 요구로서 작용할 수는 있다. 이때 자신만의 매력을 뽐내는 사람은 그런 과시를 통해 누구의 관심을 일깨워야 할 것인지 아직 특정할 수 없는 상황, 즉 "자유로운 상태"이며 아직 사랑에 구속되지 않은 상황을 활용할 수 있다.

우리는 개념의 경계에 관한 이러한 분석을 통해 사랑이라는 특수한 소통매체의 윤곽을 파악하였다. 사랑은 개별적인 자기이해와 한 인간이나 몇몇 다른 인간들의 특수한 세계관에의 지향을 통해 선택 성과들을 넘겨준다. 체험 처리의 구체성과 개별적인 재단은 이 매체의 특수한 기능의 근거가 된다. 사랑은 이중적인 의미 증명을 중개한다. 종종 깨닫는 것처럼, 우리는 사랑하는 가운데 고유한 자기, 개인적인 정체성이 무조건적으로 증명된다는 것을 느낄 수 있다. 사랑 안에서, 그리고 아마도 유일하게 사랑 안에서만 우리는 있는 그대로의 모습으로 받아들여진다고 느낀다 — 유보도 없고, 시간적인 한계도 없고, 신분에 대한 고려나 성과에 대한 고려도 없이 우리는 받아들여진다. 우리는 스스로 되고자 애쓰는 그 사람으로서 상대의 세계관 안에서 기대되고 있음을 깨닫는다. 상대의 타자적 기대들은 나의 고유한 기대들, 즉 자기 투사에 가까워진다.[5] 이것은 내적 독백의 영원한 순환으로부

---

5) 이 변수와 매력과의 상관관계는 Paul F. Secord/Carl W. Backmann, "Interpersonal Congruency, Perceived Similarity, and Friendship", *Sociometry 27* (1964): 115-124에서 확정

터 나를 해방시키고, 내가 외부를 향해 나를 드러낼 능력을 갖출 수 있게 하고, 그럼으로써 반향으로부터 어떤 것을 학습할 능력과 변화하는 일상생활에 대한 적응 능력을 갖출 수 있게 해준다. 그리고 우리는 바로 그 안에 자리를 잡고 있다는 이유로 인해, 상대의 세계관을 수용할 수 있으며 매우 구체적인 견해에서도 합의에 이를 수 있다. 자기증명은 일상적인 생활방식, 상호작용의 조종, 서로의 기대들을 서로 기대함, 기대의 기대가 함의하는 모든 것, 즉 문지방을 넘어서서 집에 들어서는 경쾌한 발걸음들, 같은 시간에 같은 생각을 하고 있다는 확신으로 이루어진 이웃세계의 공동 구성을 생각나게 한다.[6]

사랑과 세계관의 상호 관계에 대한 질문에 대해서는 이미 많은 실험적인 연구들이 쌓였지만, 그 연구들은 대부분 너무 단순하게 접근하여 설득력 있는 결과들에 도달하지 못했다. 이 문제는 예외 없이 집단의 매

된다.

[6] 이것에 관해서는 Peter L. Berger/Hansfried Kellner, "Die Ehe und die Konstruktion der Wirklichkeit. Eine Abhandlung zur Mikrosoziologie des Wissens", *Soziale Welt 16* (1965): 220-235를 참조할 것.

력과 견해들과 생각들의 유사성과의 상관관계 가설로서 제시되었다 — 이것은 종종 증명될 수 있었고 어느 정도 확실한 것으로 간주된 상관관계였다.[7] 그러나 이 연구들은 나와 세계의 상호주관적인 구성을 통한 직접적인 세계관의 중개를 고려하지 못하고 있을 뿐만 아니라 (실험에서는 [비교를 위해] 변이시키기 어려운) 친밀성과 관계의 "깊이" 역시 간과하고 있다. 이 연구에서는 인성 이론의 최근 발전이 아직 고려되지 않고 있다는 점을 추가로 생각해야 한다. 이 모든 상황을 함께 취하면, 우리의 목적을 위해서는 복합적이면서도, 보다 특수하게 사랑이라는 매체에 맞추어진 개념이 필요해진다.

---

[7] 예를 들어 Leon Festinger, "Informal Social Communication", *Psychological Review 57* (1950): 271-282; John W. Thibaut/Harold H. Kelley, *The Social Psychologie of Groups,* New York 1959, 42쪽 이하; Theodore M. Newcomb, "The prediction of Interpersonal Attraction", *The American Psychologist 11* (1956): 575-586; Theodore M. Newcomb, *Acquaintaintance Process,* New York 1961; Donn Byrne, "Interpersonal Attraction and Attitude Similarity", *The Journal of Abnormal and Social Psychology 62* (1961): 713-715를 참조할 것.

나로서 존재함(Ichsein)과 세계 구성의, 사랑을 통한 통합은, 이웃 세계에서의 개인적인 체험 처리가 아주 구체적이며 대안이 빈약한 수준에 있다는 데에 근거한다.[8] 사랑은 이웃 세계에서 가벼움과 설득력을 갖는다. 즉 사랑은 내 안에서도 너 안에서도 그리고 세계 내에서도, 다른 가능성들의 완전한 우연성을 문제 삼지 않는다. 이 기능적 토대는 일종의 사회 차원의 필수불가결성을 사랑에 부여한다. 사랑 없이 개별 생활을 영위하고 그럼에도 불구하고 — 예컨대 성과나 성공 등을 통해 — 세계-내에서의-자기증명에 이를 수 있음을 생각할 수 있다는 이유로 사랑이 사회 전체의 기제로서 대체될 가능성은 희박하다. 매우 구체

---

[8] 이것에 관해서는 Kurt Goldstein/Martin Scheerer, "Abstract and Concrete Behavior. An Experimental Study with Special Tests", *Psychological Monographs 53* (1941), No. 1에서 차원을 구체적-추상적으로 심리적 체험 처리의 기본 변수로 작업해낸 것을 참조할 것. 선별적으로 번역된 것은 Carl F. Graumann (Hg.), Denken, Köln-Berlin 1965, 147-165. 그리고 O.J. Harvey/David E. Hunt/Harold M. Schroder, *Conceptual Systems and Personality Organization,* New York/London 1961도 참조할 것. 이 문헌은 체험 처리의 구체적인 양식을 병리적으로 해석하는, 흥미로우면서도 의문스러운 경향을 띠고 있다.

적이지만, 이미 유의미하며-풍성한 지시의 체험 처리를 통해 진행되는 유아 사회화 과정만 보더라도 사랑은 그 과정에서 이미 필수불가결한 것으로 여겨진다. 그러나 성인들의 경우에도 마찬가지로 이런 친밀한 관계를 통해 확고한 안식처를 제공받고, 또한 어려움 속에서의 모든 역경에도 불구하고 자신은 변치 않을 것임을 표현하고 확인할 수 있는 기회를 얻을 때에, 그는 자신에게 닥친 불행을 무난하게 극복해내고 이런 문제투성이의 동요하는 환경을 큰 어려움 없이 잘 견뎌낼 수 있다.[9] 이런 토대에서 내적 소통의 상호이해의 문제만이 사랑을 통해 쉽게 해결되는 것이 아니다. [사랑은 또한 급변하는 조건에서 사회적으로 일치하는 행동을 가능하게 한다.] 즉 사랑은 복잡해졌으며 급변하는 조건들을 제시하여 대개 사전에 허용되는 반응들이 확고하게 정해져 있지 않으며 도덕적으로 뚜렷하게 정의되어 있지도 않고 항상 내적으로

---

9) 이 질문의 경험적인 연구로서 Marjorie Fiske Lowenthal/Clayton Haven, "Interaction and Adaptaion. Intimacy as a Critical Variable", *American Sociological Review 33* (1968): 20-30.

사례에 적합하게 조정될 수도 없으며 자발적인 일치를 통해 일어나야 하는 환경에서 함께 하면서도 일치하는 행동을 가능하게 한다. 그래서 우리는 다른 소통 매체들이 아주 제한적으로 사랑을 대신할 수 있다고 전제해야 하며, 이것은 사랑이 진리나 권력이나 화폐를 무제한적으로 대신할 수 없는 것과 마찬가지이다.

그러나 이 말은 사랑이 일종의 자연 현상으로서, 또는 영원히 타당한 도덕적 관념으로서, 말하자면 역사적이거나 진화상의 상수로서 다루어져야 한다는 뜻은 아니다. 사랑의 기능에 대한 요구, 사랑의 표현 가능성들, 사랑이 이루어내는 사회 차원의 통합 형식들과 통합의 파생 문제들은 사회 발전이 진행되면서 바뀐다. 사랑의 사회학적 개념은 이 변동을 해석해낼 수 있는지의 측면에서 개념의 능력을 시험해볼 수 있을 것이다.

2

사회(societal)체계의 진화 과정에서 사회의 복잡성과 사회에 어울리는 세계의 복잡성이 증대한다. 그것은 점차적으로, 때로는 갑작스런 추진을 통해, 소통매체가 작동하는 출발 상황을 바꾸어놓는다. 모든 통보된 의미는 다른 가능성들 가운데 선택한 것이 되며, 규정된 모든 것에 대해서는 선택성이 더욱 높아진다. 그리고 이에 따라 소통매체들이 보다 뚜렷하게 요청될 것이다. 세계의 우연성은 갈수록 가시적이 된다. [즉, 세계의 현재 상태는 불가능하지도 않았고 필연적이었던 것도 아니었다.] 그리고 언어는 자연과의 연결이 약해지며, 정당화의 필요는 커지고, 다른 의미가 아니라 이 의미를 수용하고, 다른 암시가 아니라 이 암시를 체험과 행위에서 따르도록 동기화하기가 갈수록 어려워진다. 선택이 동시에 동기화시키는 것은 이제 문제가 되고 사회적 기제들의 기능적 특화의 관련 점이 된다. 그러므로 개별 소통매체들은 사회 발전의 진행 과정에서 서로로부터 분리되어 따로따로 나타난다. 즉 최고 권력자가 동시에 최고 부자가 아니며, 권력자라는 이유로 특별한 사랑을 받을 것으로 기대할 수 없는 상황이 가능해졌다. 사랑은 진리를 드러낼 능력이 없는, 계속적으로 허구적인 세계를 만들어내며, 권력자들과 가문의 아버지들의 명령에 순종하지 않는다. 예술은 자연과 언어의 법칙을 조롱하기까지 한다. 우리가 사랑의 보기에서 자세하게 보여주려는 것처럼, 매체들은 동시에 일반 사회의 생각들의 부담으로부터 자유로워졌다. 특히 어디서나 타당한 도덕에의 구속이 무력화되었으며, 특수 평가들 — 예를 들어 해석적이며 진리를 회의하는 연구 방법이나 근대 초기의 정치적인 이성 상태(ratio status) — 을 통해 대체되었다.[10] 그렇게 분리된 결과, 매체들의 기능적 특화가 가능해졌다. 매체들 안에는 근본적인 사회구조적 조건들 — 직접적으로 개별적인

---

10) 이 과정은 근대 초기 사회의 기능적 분화를 감당한다. 정치권력에 관해서는 예를 들어 Shmuel N. Eisenstadt, *The Political Systems of Empires,* New York/London 1963, 금으로 조종된 시장경제에 대해 예를 들어 Karl Polany/Conrad M. Arensberg/Harry W. Pearson, *Trade and Market in the Early Empires,* Glencoe/Ill. 1957, 학문에 관해서는 Luhmann, "Selbststeuerung der Wissenschaft", a.a.O.를 볼 것

감정을 위한 조건들이 아니라, 사랑의 기능에 상응하고, 그러한 상승된 사회의 요구들을 충족시킬 수 있게 해 주는 형식들로 사랑을 제도화하기 위한 조건들 ― 이 담겨 있다.

사랑의 분화와 기능적 특화에 이르는 이 발전은 이미 사랑의 위상학, 정신사의 진행 과정에서 나타난 언어적이며 주제 별로 이루어진 해석으로부터 읽어낼 수 있다. 사랑의 언어적인 서술은 사회학자들에 의해 틀림없이 말 그대로 취해지지 않았고, 신뢰할만한 현실[적인 조건]의 기술로서 수용되지 않았을 것이다. 사랑의 언어적인 서술은 다른 한편 공상적인 자기기만이나 잘못된 합리화 이상의 어떤 것이다. 이하의 고려들은 다음 테제에 근거하고 있다. 사랑을 문학적으로 서술하거나, 또는 이념화하며 신화화하는 식으로 서술하는 것은 사랑의 주제들과 중심 생각을 우연히 선택하는 것이 아니라 그러한 서술을 통해 그때그때의 사회에 반응한다. 사랑의 서술은 물론 현실 [조건]을 반영하는 것은 아니지만 기본적인 문제 몇몇을 해결한다. 그러니까 사회체계의 기능적 필연성을 형식으로 옮긴다는 것이다. 따라서 사랑의 신화는 그 시대의 소통매체와 사회구조의 관계를 이해할 수 있게 도와주는 열쇠가 된다.

우애(philos)-애정(philia)-우정(amicitia)-사랑(amour)이라는 말은 연대 문제를 중심에 두는 다양한 문학적 전통을 연결한다.[11] 이와 관련하여 사랑을 뜻하는 기본 단어가 고대 그리스 문학에서 부사(philos)로서만 발견되며, 가정과 성과 종족에 따라 분화된 사회의 가정 관계와 친척 관계의 표현으로 사용되었으며, (사물들, 동물들, 고유한 신체에도 적용되어) 서로 친밀한 것과 꼭 마찬가지로, 함께 속함을 뜻한다는, 즉 사회구조를 직접 표현한다는 점은 주목할 만한 가치가 있다.[12] 중심 단어의 필요, 즉 애정(Philia)의 형성은 고대 후기 고등 문화로부터 정치적으로 규정된 고등문화로의 이행기에 비로소 나타났으며, 동시에 효용 요소의 일반화와 감정 상황의 일반화와 함께 나타

---

11) 이런 점 때문에 필리아(philia)를 일반적인 것처럼 우정의 의미로도 사랑의 의미로도 번역하지 않고, 연대의 의미로 번역하는 것을 생각해볼 수 있을 것이다.
12) 이것과 이하의 내용들에 관해 Franz Dirlmeier, *φIΛOΣ und φIΛIA im vorhellenischen Griechentum*, Diss. München 1931.

낳으며, 이 일반화는 그 후 개념의 규정성이 약화되는 결과를 낳았다. 이러한 경향은 부분적으로는, 처음에는 성과가 없었고 나중에는 개념화로부터 이익 요소를 배제하려 시도했으며 플라톤의 에로스-사색에서 정점에 이르는 반대 운동으로 이어졌다. 이 경향은 또한 코이노니아-정치시민 사회(koinonia politike-societas civilis)라는 기본 개념으로 옮겨져 그 다음에 근대 초기까지 애정-우정(philia-amicitia) 개념과 단단히 결속된 상태로 전통이 유지되는 결과를 낳았다. 사랑은 구 유럽적 전통에서 인식된 특수성에도 불구하고, 사회 자체의 구성요소가 되었고 그렇게 유지되었다.[13] 참된 사랑은 사회에 대해서도 기반을 제공하는 원칙 위에 세워졌으며, 처음에는 정치적 사랑으로서, 그 다음에는 상대를 신 안에서 종교적으로 사랑하는 것으로 서술되었다.

이러한 과정을 통해, 구성원들이 상호작용의 촉진으

---

[13] 그것에 관해서는 Manfred Riedel, "Zur Topologie des klassisch-politischen und des modern-naturrechtlichen Gesellschaftsbegriffs", *Archiv für Rechts- und Sozialphilosophie 51* (1965): 291-318 (294이하, 321-322)를 참조할 것.

로서 서로에게 긍정적인 감정을 가질 것을 기대하지만 타자들에게는 그런 감정을 기대하지 않는 사회를 해석해낼 수 있다 — 이것은 [서로] 알고 있음과 친숙한 상태, 속함과 상호 협조에 기초한 사랑이다. 낭만적인 것은 배제되지는 않았지만 구조 형성에서 결정적인 것은 아니다.[14] 열정에 빠진 개별적인 애착은 물론 나타나서, 사회 차원에서 방해하는 힘으로 드러나서, 예컨대 (인도에서처럼) 조혼을 통해 통제되거나 해롭지 않은 경로로 유도되어야 하게 되었다. 가령 (그리스에서) 미소년을 사랑하는 것이나 (중세에) 막 결혼했고 그래서 사회적인 접근이 허용되지 않는 부인들에게 열정을 바치는 행동 방식이 그러한 유도 방법이었다. 개별 사회의 경계들을 확장하고 그럼으로써 사랑의 명령 그 자체를 인류 차원으로 확장하려 애썼던 철학적이며 종교적인 일반화들은 유토피아적인 특성을 유지한다. 그러나 진화상 성취는 반대 방향에 놓여 있었다. 진화의 성취는 매체의 보편화가 아니라, 매체의 제한과 활성화에 있었다. 진화의 성

---

14) 그것에 관해서는 William J. Goode, *Soziologie der Familie*, München 1967, 81쪽 이하를 볼 것.

취는 모든 사람을 사랑하는 데에 있는 것이 아니라, 임의로 선택된 특정한 사람을 사랑하는 데에 있다. 그 조건을 충족시키는 사랑의 개념화는 중세에 출발한 이래 근대 초기에 관철되었다.

그 개념은 사랑을 열정적 사랑(amour passion), 즉 열정으로 해석한다. 열정은 그전에는 명시적으로 배제되었으며, 인간적인 불가피성으로서 사회 기능이 없는 것으로 다루어졌지만,[15] 이제는 중심 특성이 되었다. 오늘날 열정을 진부하게 생각하게 된 일반적인

---

15) Aristoteles, Nik. Ethik 1157 b 28이하를 참조할 것. 그곳에서는 특히 philesis(필레시스)를 파토스(phatos)로서, philia(필리아)를 hexis(특징적인 기본 태도)로 번역하고 있다. 그에 따르면 열정적 사랑은 사회의 기능과 가족을 구축하는 기능 없이 힘을 소모시키는 주변적인 삶으로 남아 있다. 그것에 관해서는 Henry T. Finck, *Primitive Love and Love Stories*, New York 1889도 참조할 것. 중세적인 토론으로의 이행기에 관해서는 Thomas von Aquino, *Summa Theologiae I, II* qu. 26a.4를 참조하라. 그곳에서는 구별이 파시오(열정, passion)로서의 amor(사랑) 개념하에 종속되어서 우정의 사랑(amor amicitae)과 욕망의 사랑(amor concupiscentiae)의 구별 공식으로 옮겨진다. 그 구별 공식은 파시오(passio) 개념이 순수하게 지적인 감각을 포함하는 가운데, 오늘날의 가치합리적이며 목적합리적, 또는 표출적이며 도구적인 구별을 가리킨다.

배경에는, 아무 것도 하고 싶지 않은 상태에 사로잡혀 있음, 병에 걸린 것처럼 속수무책 상태에 빠져 있음, 만남의 우발성과 서로에게 있어서 운명적인 규정, 언젠가 인생에서 겪게 될 기대할 수 없는 (하지만 간절히 열망되는) 기적, 발생한 일을 설명할 수 없음,[16] 충동성과 영원한 지속, 강제성과 최대의 자기실현 자유와 같은 의미들이 작용하였다 — 이 모든 것은 긍정적이며 부정적인 평가를 유보하고 모순될 수 있으며 매우 상이한 상황에 대해 해석 도식을 마련해주기는 하지만,[17] 인간이 사랑의 사안에서 사회적 책임

---

16) 그것과 연결되는 언급할 만한 성찰은 Vihelm Aubert, "A Note on Love", in: Vihelm Aubert, *The Hidden Society*, Totowa/N.J. 1965, 201-235에서 찾아볼 수 있다. 그밖에도 사회학 교재들의 표준주제들이 중요하다. 예를 들어 Willard Waller/Reuben Hill, *The Family, A Dynamic Interpretation*. 2. Aufl., New York 1951, 특히 113쪽 이하를 참조할 것.

17) 이것은 Aubert a.a.O.에 의해서도 언급된다. "사랑을 사회적으로 구조화하는 데에 관련된 규범과 믿음이 일관성이 없으며 엄청나게 다양하다는 점에 한 번 더 놀라게 된다. 규범적인 체계는 안내자로서 기능하기보다 합리화로서 기능한다. 그래서 매우 복잡한 이러한 인생의 영역에서 어떤 일이 일어나든 그것을 합리화할 수 있게 되는 것이다."

과 도덕적 책임으로부터 자유롭다는 기본 특성에서는 일치하는 의미 규정들이다. "열정"은 우리가 소극적으로는 고통을 겪고 있으며 적극적으로는 비활동 상황에 있는 상태를 뜻한다. 그것은 열정적 행위 그 자체에 대한 해명의 의무를 아직 배제하지는 않는다. 열정은 사냥꾼이 실수로 암소를 쏜 후 사과하는 것과는 다르다. 그러나 열정이 제도로서 인정받고 사회적 체계의 조건(conditio)으로서 기대되거나 심지어 요구될 때에는 사정이 달라진다 — 결혼하기 전에 어떤 것으로도 감당할 수 없는 열정에 빠져들 것을 기대받을 때에는 그렇게 된다. 그때에는 제도화된 자유들을 감추기 위해, 즉 보호하는 동시에 은폐하기 위해 열정의 상징법이 사용된다. 그러면 그 때에는 열정은 그 자체가 정당화될 필요가 없는 제도화된 자유가 된다. 자유는 강제로서 위장된다.

열정이 제도화된 자유가 된다는 것과 낭만적인 사랑 신화의 동반 표상들은, 열정으로서의 사랑의 제도화가 친밀관계들의 사회적 분화를 상징화한다는 것을 읽어낼 단서가 된다. 책임성의 면제 외에도 친밀 관계들의 분화를 나타내는 중요한 징후들은 무관심과 사소함이 명시적으로 정당화되는 상황이다. 즉 진정으로 깊이 그리고 진실되게 사랑할 때에는, — 이것의 증명 질문은 아래에서 다시 다룰 것이다 — 신분도 돈도 명성도 가족도 그리고 더 오래된 그 밖의 충성심도 [결정의] 근거가 되지 못하는 상황이 된다. 그 점에 있어서 파괴적인 것은 드러난다 — 그리고 함께 즐기는 대상이 된다. 신분에 맞서거나 넓은 의미에서 비이성적 사랑이라는 폭넓은 문학적 주제는 유토피아적인 것에서 희극적인 것, 비극적인 것, 마지막으로 그 역기능이 단단히 수립되어 있으며 극복 가능한 제도의 평범함으로 바뀐다.

"낭만적 사랑"의 중세적 뿌리가 얼마나 견고한지 몰라도 낭만적 사랑을 **결혼의 토대로서 제도화**한 것은 결정적으로 근대 초기의 획득물이다. 그것은 18세기의 센티멘탈리즘이 선언적으로 전제된 덕분에 이루어졌고, 그 경우에 귀족의 비도덕에 대한 시민적 비판의 요소가 되었다. 그렇게 됨으로써 비로소 이러한 사랑 개념은 순수하게 개인적인 체험의 자의성으로부터 분리되어 사회적 기대들에 고정되었다. 사랑은 이제 기대의 성격을 갖는다 — 상대를 열정적으로 사랑한다는 사실을 함께 체험하고 승인해야 하는 사람들에 대한 기대의 성격을 갖는다. 그것은 무엇보다도 결혼하기 전에 사랑에 빠져야 하는 사람들에 대한 기대이기도 하다.[18] 열정적 사랑은 기대가 되며, 그래서 학습과 교육의 목표가 되기도 한다. 그것은 충분한 상호 이해에 근거하여 제한적인 수정들만을 허용하는 사회적 유형이다.

이에 부합하는 행동 본보기가 분화되고 유형화됨으로써 기능적 특화가 가능해진다. 친밀 관계들은 열정으로서 파악되고 묘사되고 정당화되며, 사랑이라는 소통매체의 기능을 기능적 자립화를 통해 충족시키며, 그래서 보다 효과적으로 충족시킨다. 그것은 사회가 요구하는 이 매체의 성과 강화 근거가 된다. 사랑의 열정화는 사회의 복잡성 증대의 조건들에 상응하게 된다. 환경의 복잡성이 고도로 높은 조건에서 사랑은 그 자체가 보다 특수하고 추상적이며 성과가

---

18) William J. Goode. *Soziologie der Familie*, a.a.O. 81쪽에서는 그 점과 관련하여 "이데올로기적 규정"으로서의 사랑이라는 말을 한다. Waller/Hill, a.a.O, 113쪽에서는 "문화적 명령"(cultural imperative)이라는 말을 한다.

큰 것으로 제도화되어야 하는 기능들을 더 이상 고려하지 않는다. 사랑과 사회, 즉 사랑과 인류의 전통적인 수렴, 사랑과 법 및 사랑과 효용의 기능적이며-산만한 융합은 헬라 사상 세계에서 발견되고 그로부터 전승되는 모습으로부터 탈각되어야 한다. 사랑은 그렇게 탈각됨으로써 자신을 억눌러온 다른 모든 기능으로부터 해방된다 — 무엇보다도 사랑은 도덕과 법을 지탱하는 기능, 정치적 지배 기능, 경제적 욕구 충족의 기능에서 벗어난다. 사랑은 모든 사람과의 합의에 맞추어야 할 경우에 불가피한 피상성으로부터 보호받는다. 그 대신 생각 속에서 그리고 보편적으로 제도화된 기대 가운데 그때그때 변화하는 인간에게 집중한다는 것이 사랑의 출발점이 된다.

이 생각이 실현될 수 있다는 점에서, 열정으로서의 사랑은 파트너 선택의 자유를 허용한다. 그것은 가족이 사랑에 기초하여 세워져야 한다는 점에서, 배우자 선택의 자유이다. 이러한 자유들은 사회의 복잡성과 관계를 맺으며 그와 함께 발전한다. 가령 오스트레일리아의 몇몇 고대 사회에서는 배우자를 특정하여 선택하거나, 미리 정해진 (규범적인 방식으로) 집단 내에서 선택하였지만, 이제는 배우자의 몇몇 특성들을 선호하는 방식과[19] 가족 차원에서 결혼을 "합의"하는 제도로 바뀌었다. 그 경우에 배우자 선택에 미치는 사회(social)통제는 이미 느슨해졌지만, 구조적이거나 과정적 관점에서는 여전히 제도화되어 있다. 우리는 이 발전의 정점에서, 고도로 복잡한 현대 사회에서 사랑이 전제가 되어 결혼이 실현된다는 것을 발견한다.[20] 배우자 선택의 사회통제는 노동과 계약과 조직

---

[19] 이 차이에 관해서는 Rodney Needham, *Structure and Sentiment. A Test Case in Social Anthropology*, Chicago 1962, 그밖에도 Claude Lévi-Strauss, *Les Structures élémntaires de la parenté*, Paris, Paris 1949를 볼 것. 이 구조들이 개별적인 감정 전개를 이미 고려하며 그렇게 하면서 잠재적인 기능을 수행하는지의 여부와 방식은 민속지학 문헌에서는 논란이 되고 있다. George C. Homans/David M. Schneider, *Marriage, Authority, and Final Causes. A Study of Unilateral Cross-Cousin Marriage*, Glencoe/Ill. 1955와 이 문헌에 대한 Needham, a.a.O.의 예리한 비판을 볼 것.

[20] 그것에 대해 비교 연구들로 George A. Theodorson, "Romanticism and Motivation to Marry in the United States, Singapore, Burma, and India", *Social Forces* 44 (1965): 17-27; Robert O. Blood Jr., *Love-Match and Arranged Marriage. A Tokyo-Detroit Comparison*, New York 1967; 그리고 사회변동의 관점에서 Hiroshi Wagatsumi/George De Vos, "Attitudes Toward Arranged Marriage in Rural Japan",

Human Organization 21 (1962): 187-200. 그밖에도 Frank F. Furstenberg Jr., "Industrialization and the American Family. A Look Backward", *American Sociological Review 31* (1966): 326-337(특히 329이하). 헤겔의 *Grundlinien der Philosophie des Rechts*, § 162에서 이 두 가능성들을 "극단적인 것들"로서 대조시킨 것도 주목할 만하다. 여기서 극단적인 것들은 첫째, 서로에게 호감을 갖는 부모들의 만남이 출발을 장식하고, 여기서부터 사랑의 연합을 위해 서로 짝지어질 개인들에 있어서, 그들이 이 일을 위해 정해져서 서로 알게 되고, 서로에게 끌리기 시작하게 된다. 둘째로 다른 것은 그 개인들에 대한 애착이 처음에는 이 개인들에 대해 무한하게 국지화된 것으로서 나타난다. 그러한 극단, 또는 결혼에의 결정이 시작을 만들고, 애착이 결과로 나타나서, 현실적인 결혼에서는 시작과 애착이 이제 동일체화되는 그러한 경로는 그 자체가 보다 도덕적인 것으로서 간주될 수 있다. 다른 극단에서는 그러한 요구들을 타당하게 만들고 근대 세계의 주관적인 원칙과 합치는 것은 무한하게 특별한 특이성이다. 성적인 사랑이 기본 관심을 구성하는 현대 연극과 다른 예술 서술에서는, 그 안에서 발견되는 예리한 차가움의 요소는 열정들과 연결된 전체적인 우발성으로 인해 서술된 열정들의 열기 속으로 옮겨진다. 말하자면 전체의 관심이 오직 이러한 열정들에 기초하는 것으로서 생각됨을 통해 열기로 넘겨진다. 그리고 그렇게 생각되는 것은 열정들을 위해 무한하게 중요할 수 있지만 그자체가 열정인 것은 아니다." 헤겔이 열정으로부터 중요성 그 자체를 부인하며, 그래서 성사된 성혼의 그러한 첫번째 극단을 선호한다는 것은, 그가 사랑의 열정이 갖는

처럼 "형식적으로 자유롭게" 제도화되어 있다. 그러나 그것은 파트너 선택이 사회적 영향을 전혀 받지 않는 상태에 이르렀음을 뜻하지는 않는다 — 통계를 한 번 쳐다보기만 해도 동질적인 계층에서 파트너를 선택하는 경향이 지배적이라는 것을 알 수 있다. 그러나 사회통제가 자유롭게 제도화되어 있다는 것은, 사회통제가 사랑에 빠지는 시점에 행사되어야 하며 사회통제 자체에 부과된 배려의 형식으로 행사되어야 한다는 것을 뜻할 수도 있다. 달리 말하면, 사회통제가 부모들이 나서서 교제의 길을 터주거나 보전하는 형식이나 그밖에 사랑의 제도적인 규정에서 벗어나는 비슷한 방식으로 행사되어야 한다는 것을 뜻할 수 있다는 것이다.[21] 그러한 조종이 정당성을 박탈당할 뿐 아니라 심지어 그러한 정당성을 공적으로 표현할 가능성과 그런 목적을 가지고 있다는 고백마저 해서는 안 되는 상황이 되었다는 것은, 사회가 그런 조

사회의 기능을, 특히 자신의 사회학 이전의 사회 개념의 결과를 인식하지 않는다는 데에 그 이유가 있다.

21) 여기에 관해 William J. Goode, "The Theoretical Importance of Love", *American Sociological Review 24* (1959): 38-47.

종으로부터 구조적으로 독립했으며 자의적인 결혼의 위험을 감당해낼 수 있다는 것을 보여준다.

우리는 자신의 감정에 따라 삶과 사랑을 해방시키는 데에 자기목적이 있다고 본다. 그것은 사랑과, 사랑 안에서의 자기실현을 가치 있는 것으로 취하는 것을 뜻할 것이다. 이로써 사회학적으로 가능한 인식이 [그것을 다루어낼 수 있을 정도로] 축소된다. 개인적인 열정에 기초한 파트너 선택은 이렇게 표면적으로 가치가 고정되는 차원을 넘어서서, 바로 그렇게 됨으로써 언급할 만한 사회 차원에서의 기능들을 가진다. 매우 복잡하고 뚜렷하게 분화되었고 개성의 개별화가 분명하며 내부 계층 안에서도 아주 상이한 생활양식을 갖는 사회에서는 매우 유연하게 교제할 수 있다는 점을 통해서만, 친밀관계를 형성할 수 있는 파트너들이 서로와 어울리는 상태에 이를 수 있다.[22]

제도에 따라 파트너를 지정한다면, 사랑은 지극히 발

---

[22] 이것은 파트너의 "어울림"을 세부 사항에서 생각하는 방식과 무관하게 유요하다. 그 점에 관해 Robert F. Winch, *Mate Selection*, New York 1958의 논란의 대상이 되었던 "보완성 이론"을 참조할 것.

생하기 어려운 것이 될 것이다. 그래서 제도적인 장벽을 내려놓는 것과 개인에게 선택을 위임하는 것은 적어도 [사랑이 발생할] 기회를 상승시킨다. 공공연하게 인정되는 사랑의 우상, 특히 육체적인 아름다움과 매력 같은 외적 근거들은, 그런 기회의 상승에 유리하게 일반화된 파트너 찾기의 본보기를 쉽게 형성한다. 삶에 밀접한 세계 측면들과 구체적인 정체성들에 관해 합의를 만들어내는 것은 그렇게, 어쨌든 부분적으로는 모집 방식을 통해 준비될 수 있으며, 그 다음에야 근본적인 상호작용과 개인적인 기대 형성에 넘겨질 수 있다.

분화, 기능적 특화, 파트너와 주제 선택에 있어서의 사랑의 활성화는 궁극적으로 자기강화 과정의 형식을 야기하는데, 우리는 그것을 재귀성(Reflexivität)이라고 부를 것이다.[23] [재귀성이란 같은 매체를 같은 매체에 적용한다는 뜻이다. 즉 화폐 지불을 화폐 지불에, 진리 체험을 진리 체험에, 학습을 학습에, 사랑

---

23) 이 점에 관해 일반적으로 Niklas Luhmann, "Reflexive Mechanismen", *Soziale Welt 17* (1966): 1-23, Niklas Luhmann, *Soziologische Aufklärung*, a.a.O., 92-112에서 재인쇄.

을 사랑에 적용한다.] 사랑은 재귀적인 기제가 되며, 이 관점에서는 또한 전제조건이 까다로우며 위험을 무릅써야 하며 장애에 취약한 제도가 된다. 사랑은 대상을 선택하기 전에, 사랑 자신에 적용된다. [우리는 상대를 사랑하기 전에, 우리가 서로 사랑한다는 생각을 먼저 사랑한다.] 우리는 사랑한다는 것을 사랑하며, 그래서 우리가 사랑할 수 있는 사람을 사랑한다. 이때 이러한 재귀성이 사랑의 분화와 맺는 관계는 양면적으로 볼 수 있다. 한 편으로 재귀성은 사랑에 기초한 지속 체계들(결혼-가족들)의 분화에서 필수불가결해지는 선택성을 수행한다. 다른 한편 분화는 장애에 취약한 재귀적 기제가 그 상태로 유지될 수 있게 도우며, 그 기제를 성질 상 다른 기제들 — 가령 사랑의 구매, 사랑을 깊이 생각함, 사랑에 대한 강요처럼 — 에 의한 간섭으로부터 보호한다.[24]

이러한 사랑의 재귀성은 문학적 전통에서 근대 초기에 들어서서, 완전하게는 18세기 이후에 비로소 기록

---

[24] 법의 영역과, 규범화들의 규범화를 통한 법의 실정화에 대한 비슷한 고려들은 나의 법사회학(강의 원고, 4장 2절)에 있다.

되고 정당화된다. 그것은 분화와 특화 및 활성화를 지향하는 구조변동을 기본 특성으로 전제하며, 이 전제조건들이 제도적인 것까지는 아니지만 사랑에 관한 생각들로 확립된 이후에야 비로소 가능해진다. 우정의 사랑(amor amicitiae)이라는 스콜라 학파적 상투어는 재귀 관계가 아니라, 일종의 사랑을 지칭한다. 그리고 데카르트 식의 주관적인 성찰 관계를 실험했던, 그 관계에 의존하는 초기 근대의 순수한 사랑(pur amour)에 대한 신학적 토론은 성찰을 겸비하여 처음에는 사고의 재귀성만을 의도했지만, 자신의 주제를 고유한 사랑을 진지하게 **생각하는** 고려로서 수립하였다 — 그리고 그 때문에 사랑에 대한 **이해**의 문제에 부딪혔을 뿐이다.[25] 이어서 곧 더 이상 느낌의 생각이

---

25) 그것은 고전적으로 부세(Bossuet)와 페넬론(Fénélon) 사이의 거대한 논쟁에 대해서도 유효하다. 여기에 대해 Robert Spaemann, *Reflexion und Spontaneität, Studien über Fénélon*, Stuttgart 1963. 그것을 위해 특징적인 것은 그밖에도 슈패만(Spaemann)에 의해 인용된 단락이다. 그 단락의 출처는 Rémond, dit le Grec Agathon, Dialogue sur la volupté, Receuil des divers écrits. par Saint-Hyacinthé(볼테르의 필명)에 의해 출간되었음, Paris 1736, 33/34, "순수한 감각은 지성에 의해 침투된 쾌락이다. 순수한 감각은

아니라, 느낌의 느낌을 선포하고 즐기기 시작하는 다른 종류의 생각이 관찰된다. "사랑을 위한 사랑"이 최고점이 되며, 그 점을 가장 인상 깊게 예언한 사람은 장 파울이다.[26]

사랑한다는 사실의 재귀성은 자기의식이 사랑에서 단순히 함께 기능하는 이상의 역할을 한다. 사랑의 재귀성은 우리가 사랑하고 사랑받는다는 사실을 단순히 의식하는 이상이기도 하다. 그것은 상응하는 감정에 따라 승인받는다는 것을 포함한다. 그리고 그것은 우리가 사랑하는 사람이라는 점과, 사랑받는 사람이기 때문에 사랑한다는 것도 포함한다. 우리의 감정이 바로 이 감정들의 동시발생을 지향한다는 것도 바로 이러한 재귀성에 속한다는 것이다. 나와 너 모두가 사랑의 관계에 있다는 점에서, 즉 그런 관계가 가능해질 수 있다는 **점에서**, 사랑은 하나의 나와 하나의 너를 지향한다 — 그리고 그들이 마음에 들거나 아름답거나 고상하거나 부자이기 때문에 서로 지향하

잔인하지만, 감각의 일관성은 우아함이다."

26) "Levana, § 121", in: *Sämtliche Werke, Bd. 23*, Berlin 1842, 47에 있는 표현

는 것은 아니다.

사랑의 재귀성은 모든 재능과 모든 상황에 대해 가능성을 의미한다 — 그것은 몇몇 위대한 연인에게만 예약된 밀교적인 계기가 아닌 것이다. 그것은 감정의 강화를 지향할 수 있기는 하지만, 반드시 그럴 필요는 없다. 사랑을 강화하는 것은 [사랑의] 느낌을 누리는 능력이기도 하지만, 그 감정으로 아파 할 가능성이기도 하다. 이제 우리는 아직 파트너가 없는데도 벌써 사랑을 사랑할 수 있다. 또는 다시 사랑하지 않을 그런 파트너만을 사랑할 수 있다. 그밖에도 비상시에는 사랑을 지향하는 이러한 사랑의 사실이 다소간 상투어 형식으로 바깥으로부터 조종된다는 점이 특징적이다. 그렇다면 사랑은 처음에는, 쉽게 만족할 수 있게 해주며 감정에 따라 심화된 만족을 방해할 수도 있는 일반화된 검색 본보기를 지향할 수도 있다. "첫눈에 반한 사랑"은 우리가 첫 번째 만남에서 이미 사랑에 빠졌음을 전제하지 않는가?

이 모든 것에 따르면, 사랑의 재귀성의 기능은 사랑의 감정이 강화되거나 안정화된다는 데에 좌우될 수 없다. 그 기능은 사랑의 선택성 조종과 관련이 있다.

그 기능은 감정 형성이 사회 차원에서는 불가피한 정도로 선택되었던 데서 감정 형성에 적절한 방식으로 조종되도록 모색한다. 즉 감정을 통해 보장하려 모색한다는 것이다. 그것은 사랑을 다시 구조화할 때에는 궁극적으로 개인적인 감정이 중요한 것은 아니라는 것을 뜻한다. 그것으로부터 우리는 변화된 사회의 조건에 적응해야 하는 소통매체로서의 사랑이 중요하다는 것을 읽어낼 수 있다. 우리가 사랑을 사랑한다는 사실에 근거하여 사랑에 빠졌을 때에만, 그럼으로써 형성되는 사랑의 체계가 소통매체로 사용될 것을 기대할 수 있다. 그리고 그 방법을 통해서만 감정 상황이 동일성(Einheit)으로서 느껴지며 선택 의식은 잠재 상태에 머무르거나 다시 억압될 수 있기 때문이다.

3

열정이 사랑에 있어서 중요한 구성요소가 됨에 따라 연인들 사이의 성 관계도 의미가 달라진다.[27] 그것은 사랑의 개념과 체험을 새로우면서도 더욱 결정적인 방식으로 채색한다. 사랑은 애정-우정-전통(Philia-amicitia-Tradition)에서 의미한 것을 상당히 제한한 가운데, 일반적인 의미의 성적 행동에서 의미 충족을 발견하는 관계들의 결과로서 간주된다. 친밀성과 우정 개념은 그에 부합하게 보조적인 의미를 취한다. 이러한 사정으로 인해 파트너의 종류에 따라 성이 역할을 할 수 있다는 점에서, 성적 특질에 관해 의심하게 된다. 물론 이 사정은 이제 와서야 성이 중요해지거나 옛날보다 의미가 더 커진다는 것을 뜻하지는 않는다. 하지만 이러한 상황은 이 시대에 이르러서야 분화된 특수한 소통매체로 구축되고, 그럼으로써 후세대 생산 기능 말고도 사회의 다른 기능을 넘겨받는

---

27) Jean Guitton, *Essai sur l'amour humain*, Paris 1948, 9쪽에서는 19세기 이래 확산되는 "긍정 섹스학(sexiologie positive)"에 관해 말하고 있다.

다는 것을 뜻한다.

성은 사랑을 위해, 물리적 강제가 정치권력을 충족시키는 기능, 상호주관적으로 강제하는 지각의 확실성이 과학적 진리에 대해 충족시키는 기능, 욕구 충족의 담보로서 금, 외환, 또는 국가의 결정 능력에 의한 보증이 화폐에 대해 충족시키는 기능과 비슷한 토대 기능을 획득한다. 이 비교는 소통매체의 중요한 사실적 차이를 도외시하며, 확실성을 고정할 일반적인 필연성, 즉 모든 일반화된 매체에서의 "실물 자산"(real assets)의 일반적인 필연성으로 확장된다.[28]

이 모든 경우 — 성애, 물리적 폭력, 지각, 그리고 최종적으로 육체적인 욕구 충족이 보장되는 경우 — 에 유기체적 영역으로 내려가는 것은 근본적인 것으로 보인다. 그러한 토대의 소통은 유기체를 함께 설득해낼 수 있다. 그러므로 이 관련은 소통매체에 함께 제도화되어 있어야 한다. 이런 점에서 단순히 의미 영역

---

[28] 탤컷 파슨스가 화폐, 권력, 영향을 교환매체로서 비교할 때 사용하는 표현이다. "On the Concept of political Power", *Proceedings of the American Philosophical Society 107* (1963): 232-262, 새로이 인쇄, in: Talcott Parsons, *Sociological Theory and Modern Society*, New York, 297-354.

에서 의견 합의에 도달하는 것은 중요하지 않다. 다른 사람과의 관계의 강도를 보장할 수 있으며, 높은 정도의 이견, 실제적인 합의 기회의 과잉을 감당해낼 수 있는 공생적 관계가 중요하다.[29] 유의미적-상징적인 매체의 일반화 가능성은 그것이 단순히 실제적인 합의에 의존하여 작동한다는 사실에 근거한다(그래서 그것은 실제적인 합의의 경계 안에서 작동한다).

그 사실은 제도적인 구조 안에 있는 그러한 기본 기제들의 새로운 위상의 근거가 된다. 그 기제들은 더 이상 필요악이나 현세의 부담으로 파악되어서 이념적인 것들과 비교될 수 없다. 그 기제들은 어떤 매체를 위해 기능하는 것으로 사용되며, 그래서 그 평가를 허용하는 사회적 기능으로 바뀐다. 이러한 사정과

---

29) 공생과 합의의 대조는 오래된 근거 자료들에서 발견할 수 있다. 그리고 공생의 다른 개념을 가지고 대조한 작업은 Eduward Gross, "Symbiosis and Consensus as Integrative Factors in Small Groups", *American Sociological Review 21* (1956) 174-179. 그밖에도 Bert N. Adams, "Interaction Theory and the Social Netork", *Sociometry 30* (1967), 64-78; Daniel Katz/Robert K. Kahn, *The Social Psychology of Organizations,* New York/Sidney/London, 34-35를 참조할 것.

관련된 가운데 자기만족의 특정한 형식들이 배제되어야 한다. 그리고 물론 도덕적으로 배제되어야 한다. 그것은 에로스적인 자기만족을 위해서는 당연하기는 하지만, 다른 매체들에서도 적당하게 타당하다. 다른 매체는 폭력적인 자기지원이나 개인적이며 명증한 진리의 직관(계몽 시대의 언어 용법으로 "열광")이나 개인의 자립 경제나, 기능적 등가로서의 화폐위조 등이 있다. 그러한 실천 방식들은 기본 기제들이 자립화됨으로써 매체의 매개 기능을 훼손할 것이다. 사랑이 성에 기초하는 경우에는 공생적 토대와 상징적 일반화의 관계가 특수한 특성들을 가지고 있으며 그래서 자세하게 설명되어야 한다. 무엇보다도 이렇게 논증하는 것은 관계가 직접적이라는 점과 가깝다는 점을 설득력 있게 들리게 한다. 이런 논증은 파트너 한 사람에 제한하는 것을 설득력 있게 만들며, 이상적 사랑의 모습에서 지속적인 명령으로 수용된다. 그밖에도 성적인 관계에서 특정한 기능들이 외부자들에게는 보이지 않게 충족될 수 있다는 점이 특별하다. 즉 그 기능들이 강제 받지 않은 채 어떤 서술을 통해 충족될 수 있으며, 그래서 세밀한 방식으로 세련될 수 있다는 것이 특별하다. 주고 받음,[30] 칭찬과 벌, 증명과 교정은 물론 효과를 발휘할 수는 있지만, 실제 그 효과를 확인하기는 어렵다. 교환과 제재와 학습의 측면들과 지향들은 존재하며 그 기능을 충족시키지만, 서로 분리되거나 원인 관계들을 따로 밝히고 해명을 요구할 수는 없다. 그것들은 구별하기 어렵게 뒤섞인다. 그것들은 극단적인 경우들을 제외한다면, 장점들과 단점들의 정확한 대차대조와 다른 상황과의 비교와 어떤 능력이나 순위나 관심 격차의 비대칭 관계로 관계가 발전하지 못하게 방해한다. 그것은 상대적으로 균형에 이르지 못한 관계들과 성적인 접촉이 이렇게 분산되어 있기 때문에, 여전히 평등하게, 그리고 탁월한 것으로서 체험될 수 있다. 그래서 그렇지 않으면 도달 불가능할 정도로 자신의 체험이 파트너의 체험이기도 하다는 것을 전제하고 기대할 수 있게 되는 것이다. 그밖에도 육체적 접촉의 비언어적 소통이 언어적인 통보들을 위한, 비논리적인 특수한 해석 지평을 열어준다는 것을 성의 기능에 추가

---

30) 이 점에 대해서 Aubert a.a.O. 222-223.

할 수 있다.[31] 우리는 비언어적 소통을 통해, 언어를 우회하여 어떤 것을 해석할 수 있게 된다. 상대가 한 말을 해석할 수 있다는 것이다. 즉 상대의 말에서부터 그 상대와 상대에게 접근 가능한 세계에 의해 나타나는 것으로 어떤 것을 구체화시키며 해석할 수 있다. 우리는 사랑의 소통 가능성에서 말로 표현할 수 없는 것을 표현할 수 있으며, 말한 것을 강조하거나 하찮은 일이었다고 해명하거나, 사소한 것으로 치부하거나 지워버릴 수 있으며, 오해들을 바로잡고 주제가 딴 곳으로 벗어나는 것을, 소통의 순서를 바꾸며 바로 잡을 수 있다.

매체와 매체의 기본 기제의 관계는 **일반화**로 표현할 수 있다.[32] 그것은 매체가 기본 기제의 범위를 확장하

---

31) 이 점에 대해 Jürgen Habermas, *Erkenntnis und Interesse*, Frankfurt 1968, 208이하를 참조할 것. 하버마스는 일상 언어가 자기해석의 가능성을 "행위와 표현의 비언어적 표현 형식과의 보완적인 관계, 즉 그 형식들을 다시금 언어 매체 자체에서 표현할 수 있는 관계로 인해 만들어진다고 아주 일반적인 차원에서 전제해버린다"(213).

32) 다른 매체들에서는 이러한 일반화 성과를 표현하기 위해 특별한 단어들, 즉 사랑의 경우에는 결여되어 있는 단어들을 사용할 수 있다. 정치권력의 일반화는 정당성 개념

며, 그 기제의 동기화 잠재력을 초월한다는 것을 뜻한다. 행위의 관점에서 보면, 사랑은 성적 만족에 이르는 도상에서 상징적으로 일반화된 가치에 어울리는 별도의 중간 목표로서 나타난다(그리고 그것은 사랑을 증명하기 위한 수단으로서 목적/수단-전환 가능성과 성행위 사용 가능성을 가지고 있다). 그렇지만 이 고찰 방식은 (그것이 어떤 것이든) 인과적이거나 도구적인 배열을 생각한다면 너무 협소하기 때문에 부적절한 상태에 있다. 일반화는 자신의 체계 기능을 통해 설명되어야 한다.[33)]

을 통해, 진리의 일반화는 이론 개념을 통해, 화폐의 일반화는 매체 자체의 유동성 개념을 통해 구별될 수 있다.
33) 행위와 체계의 대립에 근거하는 이 대조를 그 사고의 전제들에 있어서, 수백 년 동안 지속된, 순수한 사랑의 문제에 관한 신학적 토론과 비교하는 것은 흥미로울 것이다. 그 신학적 토론의 요점은 사랑을 통해 도달할 수 있는 행운, 내지는 영혼의 치유에 대한 사랑하는 사람의 고유한 관심에 있다. 이 토론의 마지막 정점에서, 즉 부세와 페넬론 사이의 앞서 언급한 대조에서 도구성과 체계 유지는 이미 공식화된 사고 전제들에 속하기는 하지만 아직 서로로부터 분리되기 시작한 것은 아니고, 아직 신학적으로 실행된 논쟁의 공통적인 토대를 형성할 뿐이다.

시간적으로 보면, 사랑의 일반화로 인한 성과는 성에 기초한 접촉들 사이의 간격들을 연결하는 데에 있다. 우리는 지속적으로 사랑하지만, 특별히 남자이기 때문에 이따금씩 다른 일을 해야 한다. 그러나 여성인 애인은 남자가 돌아올 것을 믿을 수 있다. 이러한 신뢰는 엄마와 아기의 관계에서 인간 생애에서 최초로 학습해야 할 내용에 속하며, 문화의 모든 일반화 성과들의 근본적인 원천을 형성한다.[34] 성적 특질에 관련된 사랑의 영역에서 이러한 시간적 일반화는 두 가지 또 다른 특징들을 수용한다. 한 편으로 사랑은 무관심할 수 있게 해준다. 이것은 물론 [파트너가 아닌] 다른 쪽으로부터 오는 매력적인 제안들에 대해 생리학적인 것에까지 이르는 무관심을 말한다. 즉 성적 경쟁의 문제를 해결하거나 둔화시킨다는 것이다. 다른 한 편 사랑은 재회를 기다리는 시간을 기대로 채워준다. 우리는 "낭만적인" 사랑 복합체의 근본적인 기능이 혼전 섹스의 포기를 보상하고, 도덕적인 금지

---

34) 여기에 대해, Dieter Classens, *Familie und Wertsystem. Eine Studie zur "zweiten, sozio-kulturellen Geburt" des Menschen*, Berlin 1962, 88이하를 참조할 것.

를 긍정적인 기능으로 전환하는 데에 있다고 보았다.[35] [기다림의 시간이 지나면] 충족될 것이라는 기대는 축적되며, 이미 기대로서 즐김의 대상이 된다. 사랑은 선취함으로써 재귀적인 것이 되며, 그것은 지속적이며-활발한 성(性)과 관련되지 않고는 동기화될 수 없을 어떤 것이다. 파트너가 정해지지 않은 경우에는 재귀적 사랑은 수정되지 못한 채 과도화되고 이념화될 수 있다. 그 다음에 파트너를 얻게 되면, 고도로 긴장된 기대를 가지고, 사랑 때문에 닮아가야 할 이념화된 자기와 대면할 수 있다. 이 방식으로 대가족적이거나 경제적이거나 다른 사회적인 동기가 약화되었는데도 결혼 의향은 사회적으로 그렇게 크게 줄어들지 않고 유지된다 — 물론 유토피아적인 전조를 가지고 유지된다.[36] 그 점에서 보면, 시간 차원

---

35) Waller/Hill, a.a.O., 120이하를 참조할 것. 이 문헌은 나중의 사랑에서 나타나는 부담들과 갈등의 원천에 관한 설명들도 참조할 만하다. Hugo G. Beigel, "Romantic Love", *American Sociological Review 16* (1951), 326-334; Theodorson a.a.O., 특히 18, 25-26.

36) Waller/Hill, a.a.O., 126-127은 그래서 낭만주의적인 사랑 복합체에서 개별화되는 사회의 자기규율 형식을 발견한다.

의 어려움들(지속성 문제들)이 사실적인 일반화 성과들로 전환될 수 있고, 그 다음에 물론 고유한 종류의 파생 문제들을 야기시킨다는 것과 그렇게 되는 방식이 주목할 만하다.

역 방향의 관계, 즉 사실의 일반화가 시간의 일반화를 지탱하는 상황도 확인할 수 있다. 사랑은 사회적 관계의 일반화된 기본 주제로서 친밀 관계, 특히 사랑에 기초한 가족이 **관계 차원들의 차이**를 수립하고 의식 내부로 옮길 수 있게 해준다. 사랑 자체와 사랑의 지속함은 구체적인 일상의 상호작용들과 구별된다. 이 분화는 효과들에 대해 주목하거나 무시할 수 있는 차원들을 분리함으로써 아주 복잡한 인과 관계의 진행을 통제하기 쉽게 만들어 준다. 그럼으로써 사소한 사건들에 대해 일정한 면역을 갖출 수 있다. 즉 시간적 안정성에 도달할 수 있다. 우리는 사랑의 증명을 계속하여 요구할 필요가 없으며 또 요구해서도 안 된다. 모든 사건에서 관계 자체의 차원으로 언쟁을 비화시켜서는 안 된다. 우리는 더 이상 사랑하지 않겠다고 협박하고 그로써 상호작용의 위험한 결론을 [소통] 체계에 통보해서는 안 된다. 그래서 네가 그것을 한다면 그건 네가 날 사랑하지 않는 것이라고 주장하는 것은, 그런 주장을 통해 바로 그 교제 차원들이 특별하다는 사실을 문제시하고 그런 주장을 하는 이가 스스로 사랑하지 않는다고 추론할 수 있게 하기 때문에 독특한 폭발력을 가진다. 감정이 격렬해지고 감정 속에서 구성되는 세계관이 이렇게 구체화되는 바로 그때에는, 일상에서 사랑이 박탈된다는 것은 매우 견뎌내기 어려운 일이 될 것이다. 이것이 어려운 일이라는 것은, 질투의 표현을 읽어내기 힘든 질투가 표현된다는 사실에서 인식할 수 있다.

사회적 관점에서는, 사랑의 일반화를 가급적 많은 파트너나 임의의 파트너에게까지 확산하는 것으로 이해해서는 안 된다는 점에 주목해야 한다. 사랑은 그 반대로 개별적으로 분리됨으로써 유지되어야 한다. 쇼(Shaw)의 유명한 정의에 따르면, 사랑에 빠진 남자는 자신이 사랑하는 여자가 다른 여자들과 특별한 차이가 있다는 것을 과장하여 말할 수 있는 사람이다 — 자신의 여자를 "여자들"이라는 범주로 묶어서 일반화하여 다루지 않는다는 뜻이다. 일반화는 범주적-유적 일반화 형식으로 나타날 뿐 아니라, 특화와 무관심의 형식들로 나타나기도 한다.[37] 사랑을 개인적으로 정해진 섹스 파트너 간의 관계로서 개별화함으로써, 다른 사람의 성적 능력에 대해서 그리고 다른 사람의 의견과 판단에 무관심할 수 있게 된다. 사랑에 빠진 이들의 사랑은 그들 자신만이 이해한다 — 이 사실은 널리 수용된 사랑의 신화의 고정된 상투어이다. 그리고 사랑하는 사람들은 실천의 배타성뿐만 아니라 이해의 배타성을 자신들의 사랑에 부여한다. 바로 이 개별화와 고립의 지점에서 사랑의 열정이 불붙는다.[38] 여기서 일반적인 것은, 그런 사랑이 매우 상이하며 변화하는 사회적 환경들과 외부자들의 상이하며 모순되는 판단들과 양립할 수 있다는 데에 있다

---

[37] 처음에는 언어에 반하는 것으로 나타나는 이러한 개념 형성은 행동주의적인 학습이론의 이미 익숙해진 언어 사용에 의해 고무된다. 그리고 그러한 언어 사용은 정확하게 다음의 내용을 의미한다. 그것은 같음들을 범주들 하에 정돈할 수 있도록 해주는 환경에의 무관심을 의미한다.

[38] 쇼펜하우어의 성적 사랑의 형이상학에서 이끌어낼 수 있는 몇몇 유익한 통찰 가운데 하나이다. *Sämtliche Werke* (hg. von Wolfgang Frhr. von Löhneysen), Bd. II, Darmstadt 1961, 686-689, 703을 참조할 것.

— 파트너 선택에서만이 아니라, 사랑의 운명에 있어서도 유연해질 수 있다는 것이다. 이 관점에서는 사랑의 제도화는 사랑하는 사람들이 자신들의 현재 환경에 대한 합의를 가꾸어나갈 필요가 있다는 점에 관한, 전체사회 차원의 — 포괄적으로 허구적이지만 전제할 수 있는 — 합의이다. 그들은 합의에 무관심하자는 합의를 전제해야 한다 — 그리고 이것은 [진화를 통해 성취되기 어렵다는] 진화상 비개연성이 특별히 두드러지는 기대구조이다. 성의 기본 기제 차원에서 설득력 있는 요구 — 제3자가 참여하지-않음! — 가 이 지점에 기초하고 있다는 것은, 열정의 성적 기초가 사랑이라는 매체를 위해 근본적인 토대가 되었다는 우리 가설을 입증한다.

다른 한 편 성의 효과, 특히 원인 요인으로서의 효과는 과소평가되어서는 안 된다. 분명한 것은 그 효과가 사랑의 일반화 성과와 호환될 수 있어야 하지만, 그 성과를 직접 실행해서는 안 되며 실행을 위해 심리적 기제와 사회적 기제에 의존하는 상태에 있다는 것이다. 우리는 문화적인 장애나 이해에 따른 장애가 제거되어야 할 때, 자연적인 성이 (그러한 것이 전적으로 존재한다면) 사랑 관계를 활성화시키기에 충분한지를 질문해보아야 한다. 사랑 관계를 활성화시키기 위해서는 단순한 중재나 성적 만족의 약속으로 환원될 수 없는 **추가적인** 자극 원천이 필요하다. 틀림없이 옛날에는 신체적이며 심리적인 체험 태세를 상승시키기 위한 그런 계기들은 함께 일탈을 저질렀다는 의식, 최초 열정이나 심지어 지속하는 열정의 비정당성에 있었던 것으로 볼 수 있다. 오늘날에는 그런 일탈이 있었던 자리에서 상업적으로 조직된 자극들, 읽을거리들, 그림, 음향, 성적인 행동을 할 기회들이 중개되고 더 잘 분리되고 그 밖의 생활양식과 공시화(共時化)하기 더 쉬운 자극들을 발견할 수 있다.[39] 바로 그 점에 시간적인 배치, 가능한 의미 관련, 소통 기회들과 합의 기회들의 조건하에서 체계의존적인 사회적 성과들이 있다. 이것은 자세한 연구를 필요로 하는 측면이다.

---

39) 여기에 관해 Erving Goffman, "Where the Action is", in: ders. *Interaction Rural. Essays in Face-to-Face Behavior*, Chicago 1967, 149-270, 특히 194이하.

4

소통매체들의 자립화와 기능적 특화는 (사건 **결과들**의 질서를 통한) 과정들의 차원에서만 제도화되는 것은 아니다. 자립화와 특화는 적절한 사회적 체계들의 형성을 전제한다. 권력은 정치체계에서 비로소 특별한 종류의 매체로서 드러나며, 진리는 과학에서, 화폐는 경제에서 매체로서 드러난다. 그리고 예술은 관련된 사회적 체계의 분화가 특별한 방식으로 문제가 있다는 점으로 어려움을 겪는다. 이 모든 관점에서 그리고 사랑의 경우에서도 마찬가지로, 상당한 정도의 사회체계의 기능적 분화가 매체 독립의 진화상 전제조건이 된다. 물론 개별 매체들은 언제나 관련된 부분 체계의 바깥에도 존재한다. 즉 매체들은 전체 사회 차원과 다른 부분체계들에 대해서도 중요하다. 정치도 진리를 필요로 하며, 경제도 권력을 형성하며, 노동세계의 소집단에서도 공감 관계들이 압축된다. 그러나 개별 매체에서의 성과의 증대, 특별한 양식의 선택성과 전달의 완전한 사용은, 이 기능에 구조가 맞추어진 사회의 부분체계들만이 해낼 수 있다.

하지만 구조들과 과정들의 기능적 특화는 체계 형성을 필요로 하기 때문에, 한계에 직면해 있다.[40] 우리는 이 한계를 열정적 사랑에 기초한 친밀관계의 사례에서 더 자세하게 규정해야 한다. 결과적으로 성적 관계들을 만들어내는 열정적 사랑은 가족의 설립에서 지속적인 체계를 발견할 수 있다. 물론 이 가족은 사랑 위에 세워진 것으로 기대되고 서술되는 일부일처 혼인에 기초하는[41] 가족이다. 그러나 열정은 책임을 물을 수 없는 제도이며 우연히 나타난 관습으로서, 그러한 관습의 등장은 소멸과 마찬가지로 통제될 수 없다 ─ 이러한 사정은 고도로 불안정한 체계 원칙이다. 매체의 분화와 기능적 특화를 지탱하는 열정적 사랑의 상징법은 그러한 두 번째 요구, 즉 상응하는

---

40) 이러한 통찰은 파슨스에 의해 예를 들어 자신의 체계 기능의 일반 도식을 체계분화의 모든 층위에, 즉 부분체계들과 부분체계들의 부분체계들에 대해서도, **통째로 반복한다**는 것을 통해 감안한다.
41) 혼인에서 자신의 "직접적인 개념"을 갖는 가족. 헤겔이 적절하게 표현하였고, 그렇게 함으로써 계약에 기초하는 혼인이라는 "좋지 못한" 생각과 거리를 두는 개념이다. *Grundlinien der Philosophie des Rechts*, § 160 내지 § 75를 참조할 것.

상호작용이 [소통] 체계가 되고 체계로서 유지됨을 위해 그 자체로서 좋은 것은 아니다. 우리가 위에서[42] 언급한, 제도화된 사랑 개념의 모순들 — 강제성과 자유의 모순, 충동성과 지속성의 모순 — 은 이 딜레마에 근거하고 있다. 그 모순들은 기능적으로 특화된 체계 형성의 문제를 양가적인 가치지향으로 옮기며, 그렇게 함으로써 그 문제의 책임을 행동에 전가한다. 과도하게 낭만화된 사랑이 가족을 파괴까지는 아니더라도 장애가 된다는 것은 다양한 논의의 주제가 되었다. 그 주제는 처음에는 대가족에 대해 그 다음에는 소가족에 대해서도, 처음에는 가정을 이룬 후의 혼외 관계에서도[43] 마지막으로는 사랑에 기초한 가족에서도[44] 발견되었다. 우리는 결혼을 위해 사랑이

---

42) 50쪽을 참조할 것.
43) 가령 Aubert, a.a.O., 218을 참조할 것. 특히 문학적 전통을 통해 자극받았다.
44) 예를 들어 Ernest W. Burgess, "The Romantic Impulse and Family Disorganization", *Survey Graphic* 57 (1926): 290-294를 볼 것. 결혼 생활에서의 사랑의 탈주술화와 냉각에 관한 나중의 미국의 연구에 관해서는 Robert O. Blood Jr., *Marriage*, New York 1962, 200이하에서 하나의 개관을 보여준다.

요구되고, 그래서 사랑을 위해서도 결혼이 요구될 때에는, 비합리적인 이유에서 희망했던 결혼을 한탄하게 된다는 것과 불륜을 저지르는 오래된 문제들이 상당히 첨예화된다는 것을 보아야 한다. 그러면 사랑과 결혼의 갈림, 그리고 특히 그 둘이 뚜렷하게 갈라짐이 체계의 토대를 위협하게 된다. 사랑은 사회적 체계의 구조 원칙으로서의 기회와 위험을 함께 상승시킨다.[45] 그러한 결혼을 헌법을 통해 보장하며 위험에 내맡기는 것은 그새 의도적인 것이 되어버렸다. 결혼과 가족이, 동요하며 통제할 수 없을 만큼 끓어오르고 다시 메말라 버리는 감정에 묶여, 그 감정의 운명을 공유하는 데에 규정되어 있다는 생각은 최악의 염려들을 불러 일으켰다.

하지만 그것은 보통선거 제도가 도입되기 전의 경험과 비슷하게 쓸데없는 기우였다. 우리의 생각과는 달리, 충분히 실험하지 못한 새로운 자유들은 저절로

---

45) "사랑은 준비된 결혼보다 성공에 더 영화롭게 어울리며, 실패에 더 비참하게 어울린다"는 말을 Blood, a.a.O., (1967) 83쪽은 일본에서 실행한 자신의 연구에서부터 이끌어낸다.

안정되었다. 결혼은 실제로는 여전히 안정적인 수준을 유지하고 있다. 지난 수십 년 간 이혼율은 여러 이유로 인해 뚜렷하게 증대했지만,[46] 사회적으로 위협적이거나 감당해낼 수 없을 규모도 아니며 다른 문화에 비해 특별히 큰 규모도 아니었다.[47] 우리는 이 사실로부터, 열정보다 더 지속적이며 열정을 규제된 생활로 이끄는 안정화 기제가 사랑으로 맺어진 결혼에서 발전된다는 것을 추론해낼 수 있다.

현재 가족들이 어느 정도 해체되고 있지만 그러한 해체가 어떤 형식을 취하는지를 확실하게 파악할 수 없기에, 가족 해체를 전제하는 것은 탁상공론에 불과할 것이다. 그러나 우리는 파트너 선택과 연애 관계에서 서로 간의 이해가 고유하면서도 구체적인 세계를 만들었고, 그 다음에는 이렇게 만들어진 사적인 세계로서 지탱되고 열정 없이 지내는 반대 결과가 나타나는 것이라고 추측할 수 있다. 어느 새 열정은 과거사로

---

46) Goode, a.a.O. (1967), 173쪽의 진술들을 참조할 것.
47) 혼인의 유지를 위해 도덕보다 지참금을 더 많이 신뢰하는 로마인들이나 아랍인들의 이혼 빈도들과 비교했을 때 대략 그러하다.

바뀌었고 역사로 대체된다. 상대의 선택 행동을 수용하도록 자극했던 충동적인 매력은 이미 소통이 이루어진 상태로 바뀌었다. 즉 일상적인 생활 태도의 질문에 관해 계속 판단해야 하는 데서부터, 상대가 역할을 당연히 함께 하는 것으로 바뀌었다. 생활 태도의 결정적인 변화들조차 이 세계, 즉 나와 네가 같은 사람으로 유지될 수 있는 이 세계를 속행시키려는 의도에서 공동으로 실행될 수 있다. 열정적 사랑은 안정된 사랑으로 바뀌는 것이다.

그러한 변동은 순수한 "사랑의 자연법"이 아니다. 그것은 이 매체의 분화에 달려 있고, 그래서 앞서 논의한 제도적인 전제들에 좌우된다. 그런 변화들이 전제하는 것은 사회가 사랑하는 사람들에게 [소통] 체계의 복잡성을 충분하게 넘겨주어 그 복잡성을 선택적으로 다룸으로써, 사랑하는 사람들이 자기들 것이라고 느끼는 일반적인 세계의 역사와 구별 가능한 체계 역사가 쌓여 나간다는 것이다. 그리고 충분한 세계 복잡성이 주어져 있어서 개별화되었고, 한 사람이 상대를 바라볼 수 있는 이웃세계가 그 세계와 구별될 수 있다는 것도 그 변화로 인해 전제할 수 있는 일이다. (피부 크림의 종류가 많다는 점은, 그녀는 이것을 그는 저것을 좋아 하고, 크림 두 개가 욕실 그 자리에 나란히 놓여 있을 수 있게 해주는 전제가 되는 것이다 — 그 남자에게는 그녀를 생각나게 하고 그녀에게는 그 남자를 생각나게 하면서 말이다.) 그렇게 구체적으로 개인화된 이웃세계는 보충과 교정을 하도록, 증명과 적응을 하도록 부추기는 힘을 동시에 얻는다. 왜냐하면 우리는 그 즉시 그 세계 안에서와 다른 사람의 기대 안에서 우리 자신을 개인적으로 재(再)발견해내기 때문이다. 이런 점에서 이혼은 언제나 자기변화와, 고유한 역사의 상실이나 재해석을 의미하는 것이 될 것이다.

그러나 이것은 결코 결혼생활의 갈등까지 배제하는 것은 아니다. 하지만 이 모든 것은 세계에 관한 직접적인 이견의 차원이 아니라 기대들의 기대함의 차원에 있는 특정한 중심을 결혼생활에 부여한다.[48] 이 차원으로부터, 실제 존재하는 합의에 대한 **과대평가가**

---

48) 이 구별에 대해 Ronald D. Laing/Herbert H. Philippson/A. Russell Lee, *Interpersonal Perception, A Theory and a Method of Research*, London 1966을 볼 것.

성공적으로 이루어질 수 있다. 즉 일반화될 수 있다.[49] 그런 경우에는 무슨 일이 있었는지의 물음과 관련하여 다투지 않는다. 말다툼은 상대의 기대와 관련하여 어떤 기대를 품을 수 있는지의 질문과 더 많이 관련되게 된다. 다른 사람의 의식을 의식하고 있다는 바로 이 개인적인 재귀성(Reflexivität)의 차원에서 비로소 갈등은 폭발물이 된다. 왜냐하면 이렇게 되면, 갈등은 둘만의 특별한 세계로서 체계의 세계를 구성하는 핵심을 건드리기 때문이다.[50] 세계 자체에 대해

---

49) 그 사실은 매력적인 관계에서 전제된 일치가 현실적인 일치를 상회한다는 것을 보여주는 경험 연구들에 의해 입증된다. Donn Byrne/Barbara Blaylock, "Similarity of Attitudes between Husbands and Wives", *The Journal of Abnormal and Social Psychology 67* (1963): 636-640; George Levinger/James Breedlove, "Interpersonal Attraction and Agreement. A Study of Marriage Partner", *Journal of Personality and Social Psychology 3* (1966): 367-372를 볼 것.

50) 재귀성의 층위로 이렇게 되돌아오는 데에, 갈등으로 뒤섞인 상태에 대한 수정 가능성도 있으며, 이러한 상태는 생활관계들의 '일상적-공생적인' 농축을 통해 주어져 있다. 그 점에 관해, Kurt Lewin, *Die Lösung sozialer Konflikte. Ausgewählte Abhandlungen über Gruppendynamik*, Bad Nauheim 1953, 128이하를 참조할 것. 르윈은 위험만 보았을 뿐, 수정 가능성이 있다는 것을 보지는 못했다.

달리 생각하고 있다는 것은 사랑을 파괴시키는 저 심층의 갈등의 증상, 상징, 무기로서 기여할 뿐이다. 우리는 그것으로부터 결혼생활이 원만하게 진행되려면 상대의 기대를 쌍방 기대함의 차원에 부담을 줄 수 있을 의견 갈등을 억눌러야 한다는 생각을 할 수 있을 것이다. 아니면 우리는 그러한 기대의 기대를 기대함의 차원에서, 즉 3단계 재귀성에 힘입어 방향을 바꾸어야 한다고 생각할 수 있을 것이다. 그럼으로써 고도로 발전된 심리적 성과 능력, 분화된 사회적 민감성, 이에 부합하는 복잡한 체험 처리의 개별적인 체계가 전제되어 있음이 명백해진다.[51] 바로 여기서

---

51) 그 점에 관해 최근의 심리학에서 검증된 가설을 참조할 것. 그 가설은 보다 복잡한 인성체계들이 사회적 체계의 미리 주어진 구조들(복잡성 축소)에 비교적 경미하게 의존하고 있다는 것이다. 그것은 반대로 확정되지 않게(여기서는 사랑을 통해) 구조화된 사회적 체계들은 보다 복잡하며, 더 많은 대안을 통해 체험하며, "성찰된" 개성들에 의존한다는 것을 진술하기도 한다. 예를 들어 Harold M. Schroder/O.J. Harvey, "Conceptual Organization and Group Structure", in: O.J. Harvey (Hg.), *Motivation and Social Interation. Cognitive Determinants*, New York 1963, 134-166; Paul Staget, "Cenceptual Level as a Composition Variable in Small-Group Decision-Making", *Journal of Per-*

"결혼이 전쟁보다 더 많이 ... 잠재적인 정신장애를 명시화시킨다는 사실"[52]의 이유를 하나 발견할 수 있을지도 모른다, 왜냐하면 사랑에 기초한 현대의 가족은 심리적인 결함이 있는 구성원들을 감당해낼 능력이 점점 약화되어, 감당해낼 수 없는 사례들을 정신병 처치 사례로 정의하는 데에 기여하기 때문이다.
이 고려들은 사랑을 열정으로서, **문화적으로** 정의하는 것이 사랑을 **사실적으로** 적절하게 기술하는 것인지를 의심하게 만든다. 그렇게 이름 붙임이 틀림없이 기능을 발휘할 것이라고 확신할 수 있기는 하지만, 그렇게 이름 붙여진 매체가 **자신의** 기능 방식에 있어서 그 이름표에 부합할 것까지 요구하지는 않는다.

---

sonality and Social Psychology 5 (1967): 152-161. 이러한 진술은 물론 사회적 체계의 복잡성을 참여한 인성체계의 복잡성으로부터 **직접적으로** 도출해내겠다는 심리학자들의 실수를 보여주고 있다.

52) 그래서 Edward F. Griffith, "Die Bejahung der Sexualität in der Ehe", in: Hans Harmsen (Hg.), *Die gesunde Familie in ethischer, sexualwissenschftlicher und psychologischer Sicht, Stuttgart 1958*, 14-20 (20). 그 점에 관해 Vilhelm Aubert, *The Hidden Society*, Totowa/N.J. 1965, 72이하를 참조할 것.

우리의 분석에서는 또한 사랑이라는 소통매체의 기능 차원을 더 엄격하게 파악하였다. 그 분석의 결과 우리는 어째서 사랑이 상대편의 사랑에 의존하며 사랑함의 사랑함으로서 그 자체가 재귀적이 되는지를 더욱 분명하게 드러내 보여준다. 우리는 사랑하는 사람들로서 서로를 알 뿐만 아니라 느낄 수 있기 위해서도, 사랑하는 사람인 상대의 눈으로 자신을 보고, 사랑하는 사람으로서 내가 사랑하는 사람과의 상호작용에 들어선다는 바로 그 점을 사랑해야 한다. 그것을 위해 우리는 그러한 상호작용을 가능하게 하는, 사적으로 구체화된 세계를 구성한다. 상대의 열정은 이 상호작용에 길을 열어 줄지는 모르지만, 그 열정은 그보다 사랑하는 사람으로서가 아니라, 상대가 자기 열정을 채울 때에 의존하는 누군가로서 서로를 체험할 것을 암시하지는 않는가? 열정적으로 사랑할 것을 내가 상대로부터 기대하면, 그러면 나는 나 자신을 사랑받는 사람으로서 기대하고 그 기대를 즐기고 있으며, 그렇게 사랑받는 사람의 헌신이 ― 좌절하기도 지체하기도 부응하기도 하면서 ― 상대를 동기화한다. 그러나 나는 나를 사랑하는 사람이 이겨낼 수 없는 불가피한 열정 가운데에 있음을 증명해주는 ― 또는 열병을 앓게 할 수 있는 ― 누군가로서의 나를 보는 누군가로서 나를 사랑하는 사람을 보아야 할 때에, 내가 사랑받고 있다고 생각할 수 있을 것인가? 즉 나는 나 자신이 이 기대 가운데서 확인된다고 생각할 수 있는가? 그러면 나는 그를 지배하는 요술 그림으로서 나 자신을 볼 필요가 있는 것은 아닌가? 그리고 그를 같은 역할로 몰아넣는 고유한 열정들을 위한 기회로서 상황을 파악해야 하는 것은 아닌가?

다음과 같은 고려들이 똑같은 의심을 불러일으킬 것이다. 우리는 열정적으로 사랑하는 사람이, 이제는 그에 대한 사랑이 식었다는 것을 인식하고 수용하기를 얼마나 어려워하는지를 알고 있다. 그 점은 강하게 투사된 감정들이 연루되어 있음을 알려준다.[53] 그러나 투사는 나의 욕구들에 따라서 상대를 생각해낸다는 것을 뜻한다 ― 더 정확하게 표현하면, 우리가

---

53) Goode, a.a.O. (1959), 38, 각주 1에서는 다음과 같은 표현이 있다. "사랑은 감정의 가장 투영(投影)적인 방법이다. 이것은 섹스가 욕구의 가장 투영적인 방법인 것과 마찬가지이다".

스스로 되고자 하는 모습을 다른 사람의 체험에 의해 증명받는 방식으로 다른 사람을 정의한다는 것을 뜻한다.[54] 그러나 바로 이 생각은 상대의 실제적인 체험을 알아채지 못하고 학습 능력을 갖추지 못하고 세계의 대상들에 관한 이견에서 나타나는 것이 아니라, 기대들의 기대함이 엉뚱한 방향으로 이끈 데서 나타나는 오해들을 유발하도록 사전 예정되어 있다. 결혼 통합의 토대가 되어야 하는 바로 그 상호 이해의 차원을 건드리는 그러한 오해들 말이다.

그런 식으로 문제가 제기될 경우에는, 사랑이 더 이상 감각적인 열정으로 인해 순수함을 잃었기 때문에 문제가 있는 것이 아니며, 자신의 관심을 만족시키는 데에 문제가 있는 것도 아니다. 사랑의 문제는 오히려 사랑의 열정화가 — 제도적인 요구로서 그리고 사실상의 체험으로서 — 인간적인 관계들의 보완적인 의식에서 필요한 면밀함에 부합할 수 있는지의 질문에서 정점에 이른다. 그러한 면밀함은 사랑을 얻기 위해 순수한 사랑(pur amour)처럼 필수적으로 수행될

---

54) 투영적인 체험 처리의 해석에 관해, Laing u.a., a.a.O.를 참조할 것.

수 있으며, 절대 그렇게 "키메라"처럼 수행될 수 없으며, 또한 일반적으로 수행될 수도 있다. 사랑의 열정화가 이러한 면밀함에 부합할 수 있는지의 질문에 있어서, 성애에 기초한다는 것이 근본적인 것으로 유지된다. 성애는 분리될 수 없는 자기참여이다. 그것은 사랑하는 사람들을 그들 스스로에게서부터, 그래서 상대가 보며 열망하는 자신으로부터, 그 때문에 상대가 스스로 보여지며 열망되고 있다고 느끼는 자신으로부터 거리를 두는 "순수한 사랑"으로 돌아가지 못하게 막는다. 파트너는 오직 의식된 삶과 느낌의 겹쳐진 재귀성 가운데서만 주체로서 사랑을 받는 것이지, 단순히 실체로서 사랑 받는 것이 아니다.

이러한 사정으로부터 어떤 것이 중요한 것으로 파악되어서, "동반자 관계(companionship)"[55]라는 미국적인 차분함을 추구하는 가운데 규범적인 성과를 실현해내기까지 하였다. 이제 이러한 동반자 관계는 낭만

---

55) 예를 들어 Ernest W. Burgess/Harvey J. Locke, *The Family. From Institution to Companionship*, New York 1945; 또는 Robert O. Blood Jr./Donald M. Wolfe, *Husbands and Wives. The Dynamics of Married Living*, Glencoe/Ill. 1960, 146이하를 참조할 것.

적인 사랑 복합체를 대체하는 것처럼 보인다. 그러한 이상에 있어서는 성에 기초한 사회적인 결합이 공동으로 여가 생활을 영위하겠다는 용의의 형식으로 유지된다. 바로 이러한 활동들 — 예컨대, 저녁 파티, 텔레비전 시청, 섹스 — 은 그렇게 의미 있는 일도 아니며 다른 것으로 대신 할 수도 있다는 점으로 인해, 안정화시키는 요소가 될 수 있다. 왜냐하면 그러한 무(無)의미성 및 대체 가능성은 오직 상대의 참여에 의해서만 은폐될 수 있으며 갈등의 부담으로부터 자유롭기도 하기 때문이다. 무엇을 하느냐가 중요한 것이 아니라, 어떤 것을 함께 시도한다는 것만이 유일하게 중요한 것이다.

5

열정적 사랑은 사실상 제도로서 성립되기 어렵다. 열정적으로 사랑에 빠지는 것이 개인들에게도 그렇게 불가능한 일이 아니게 된 만큼, 열정으로서의 사랑이 제도화되었다는 점은 그만큼 까다롭고 문제도 많이 만들어낸다. 이러한 토대에서 결혼과 가족생활은 사적인 위험뿐만 아니라 사회의 위험도 만들어낸다. 그래서 이 위험으로부터 파생되는 문제 가운데 어떤 것을 해결함으로써 이 위험을 감당할 수준으로 어떻게 유지하고 그러한 위험을 어떤 상황에서 유지하며, 그 결과 진화상 비개연적인 제도가 개연적이 되는지를 보는 것도 이 제도를 이해하는 중요한 관점이 된다. 우리는 이미 사랑의 척도가 체계를 형성하고 유지하기에 부적절하다는 점을 가지고 그 점을 예증하였다. 우리는 이 모험적인 제도와 그 제도에 기초하는 사회적 체계들의 통합의 문제들에 주목하면, 또 다른 측면들을 추론해낼 수 있다.

사랑은 분화되고 기능적으로 특화되었기 때문에, 특히 사회 내에 통합되기 어려워진다. 그것은 전체 사회 차원에서 실현될 수 없는 가능성들이 열정적 사랑이라는 특수한 관점에서 구상된다는 데서 가장 직접적으로 드러난다. 그러한 비현실적인 가능성들이 구상된 결과 사회 **안에서** 정당화된 기대들과 그 기대들을 환원시킬 필연성들이 상당한 규모로 재단되었다.[56] 사랑은 이념으로서 뿐만 아니라 제도로서도 사회의 과도한 부담이 되었다. 이 상황은 첫째로는 사랑하는 사람들 편에서는, 함께 제도화되지 않은 상식이라는 좋은 척도를 필요로 하며, 그리고 둘째로는 다른 사회적 영역에서는 그들에 대한 관용, 즉 친밀

---

56) 이 과정 또한 다른 매체에서 정확한 유사성을 갖는다. 모든 진리들 내지는 진리들의 기술적 실현 가능성들이 정치적이거나 경제적이거나 종교적이거나 친밀 관계들에서 수용될 수 있는 것은 아니다(필수적인 잠재의 문제 내지는 기술적으로 가능한 것의 실현 제한의 문제). 모든 정치권력이 합리적 상태로(ratione status) 관철될 수 있는 것이 아니다(기본 인권의 문제). 지불할 수 있을 모든 것이 구매될 수 있지 않다. 예를 들어 사랑, 정치적 영향력, 진리 형성에 대한 영향 등은 구매될 수 없다. 그 밖에도 사회가 이러한 모든 사례에서 더 이상 자신의 제도들의 내적 척도를 신뢰할 수 있는 것이 아니라, 규범적인 제한과 체계 경계들의 선택적 효과들을 신뢰해야 한다는 점은 특징적이다.

영역에 대한 효과적인 정치적 보호를 필요로 한다.[57] 그 밖에도 체계를 뚜렷하게 분리함으로써, 행위자들이 각각 어떤 적실성 도식에 따라 행위해야 하며 어떤 도식에 우선권이 인정되는지에 대해 행위자들에게 알려야 한다. 정부부처 자문관의 부인은 자기 남편에 대한 사랑을 근거로 하여 남편의 승진을 차관에게 요청하겠다고 생각해서는 안 된다. 대학생 애인을 둔 사람은 자기 애인이 시험 준비 기간에 열정을 표현할 수 없다고 해서 그 때문에 홀대 받았다고 생각해서는 안 된다. 그렇게 우선권을 규정하는 것 말고도, 특히 사랑을 비밀스러운 것까지는 아니지만 사적인 것으로서, 친밀한 것으로서 정의하는 것 — 이 측면 역시 성과 관련되었기 때문에 설득력 있다 — 은 무절제함으로 사회 차원에서 가능한 것으로만 제한하는 데에 기여한다.

우리는 열정적 사랑을 요구받는 심리적 체계들과 신

---

[57] 가장 효과적인 정치적인 보호는 이 경우 사회의 다른 기능적인 부문들에서처럼, 상응하는 조직들의 창출에 있는 것도 아니고, 그러한 조직들의 정치적인 평형에 있는 것도 아니다. 그러한 보호는 **만인의 관심의 평등**에 있다.

체 유기체들도 과도한 요구에 직면하고 있다고 전제할 수 있다. 모든 사람이 능력을 가지고 있는 것은 아니다. 그리고 모두가 기분, 시간, 그것들을 위한 계기를 가지고 있는 것도 아니다. 아마 거의 누구도 [열정적] 사랑을 끝까지 지속시키지 못할 것이다. 이 관점에서 서술과 현실(Realität)의 다소간 큰 거리를 감당해낼 사회적 기제가 있어야 한다. 여기서도 프라이버시라는 커튼이 그 기능을 감당한다. 그 커튼은 처음에는 서로 사랑한다는 것을 숨길 수 있게 해준다. 그리고 나중에는 서로 사랑하지 않는다는 것을 숨길 수 있게 해준다. 그밖에도 우리는 매우 널리 확산된 상투어에 힘입어 사랑에 대한 피상적인 상호이해가 결혼할 용의가 있는 파트너들 사이에서 성사된다고 전제할 수 있다.

기능적 분화의 다른 후속 문제들은 사랑이 친밀 관계들을 위해 보전되어 있으며, 그 관계들 안에서 더 분명하게 기대된다는 데서 만들어진다 — 그리고 그 밖의 다른 곳에서는 없다. 근대사회의 냉정함과 거리둠 — 퇴니스가 이 개념 자체 안에 해석해 넣은 — 에 대한 확산된 불평들, 소외와 노동, 교제, 조직이 감정적인 충족감을 주지 못한다는 일반적인 불평이 이 상황을 반영한다.[58] 감정 욕구들에 대해서는 집중적으로 만족할 기회들이 마련되며, 이 기회들을 통해 각자의 기능을 가진 다른 체계들은 부담을 덜며 만족하고 원만하며 성과 능력을 갖춘 개인들을 공급받을 수 있다. 사회와 사회를 위해 가능한 세계의 경계들은 규정되지 않은 것으로 흐려져 버리며, 감정적으로 채워지지 않은 상태로 남는다. 그리고 사회 내부에는 개인들이 동일시할 수 있는 작은 체계들과 특수 세계들이 형성된다.

이것은 사회가 이제 포괄적인 차원에서 개인적인 특색이 없는 동기 수단을 필요로 한다는 것을 뜻하기만 하는 것은 아니다. 두 번째 보완적인 관점이 마찬가지로 중요하다. 개인을 구체적으로 그의 **모든** 역할에서 개괄할 수 있는 유일한 장소, 즉 사회(social)통제의 최적의 입지가 이제는 조각 같으며 특별히 구성되었

---

[58] 그 밖에도 신학적인 주제 설정에서, 이 대조가 초기 근대에서의 사랑 문제에 대한 토론에서 벌써 발견된다. 즉 신에게서 멀어짐(=신학적인 해석 불가능성) 및 근대 세계의 낯섦과 "건조함"에 대한 반응으로서 사랑을 신비화하는 데서 나타난다는 것이다.

을 뿐 일반적으로 수용되지 않은 좁은 세계에 놓여 있으며, 그래서 더 이상 사회의(societal) 통제의 출발점으로서 작용할 수 없다는 것이다. 이것은 다음처럼 표현할 수도 있을 것이다. 사회는 가장 효과적이며 특히 가장 정당한 형식들의 사회통제를, 고유한 여러 도덕들을 발전시키고, 사회의 도덕 경계들과 자신의 경계를 동일시하지 않는 부분체계들에 위임해야 한다. 적어도 배우자 사랑은 사회적 가치들과 통제들을 전달하는 도구로서의 기능을 발휘하지 못한다. 그것은 부모와 아이들 사이의 사랑과 다르다는 말이다. 우리는 배우자가 나를 사랑하게 하려면, 돈을 많이 벌어야 하고 규칙적으로 교회에 가고 투표도 해야 한다는 주장을 쉽게 받아들이지 않는다. 상호작용의 조건에 사랑을 조건화하는 모든 다른 방식처럼 말이다.[59] [예를 들어] 형사상 처벌받을 행위를 했더라도 그 때문에 사랑이 파기되지는 않을 것으로 기대한다. 또 다른 문제로는 제도의 파생 문제들이 어떻게 개인에게 전가되고, 감당할 수 있는 중요도에 따라 두려

---

59) **내적** 상호작용 조건들의 유사 문제들에 대해 위의 68-69쪽을 볼 것.

움과 행동 부담으로서 개인에게서 기대되는지를 보여줄 수 있다. 열정적 사랑의 관념은 그러한 문제들을 비(非)개연적인 행운의 사례, 위험한 운명이라고 표현한다. 우리는 이렇게 유일무이한 행운이 나타났다는 것에 대해, 즉 결코 다른 방식으로는 가능하지 않게 사랑하고 사랑받는다는 것에 대해 어떻게 매번 확신할 수 있을 것인가?[60] 매체의 일반화와 상징적인 우월성은 사랑을 증명하는 질문을 시급한 문제로 만든다. [사랑이라는 소통매체는 일반화되어 있을 뿐만 아니라 친밀체계에서 유일하게 작용하는 상징적 매체가 되었기 때문에, 우리는 그러한 매체인 사랑을 나와 파트너와의 관계에서 구체적으로 증명하지 않으면 안 된다.] 그러나 사랑을 증명하는 것은 사랑이 양가적으로 규격화되어 있어서 쉽지 않은 문제가 되었다. 사랑하는 사람은 무엇을 서로 증명해야 하는가? 충동성인가, 지속성인가? 우발성인가, 사전 예정성인가? 고유한 열정에 격정적으로 자신을 내맡김인가, 파트너가 이상적이라는 점에 대한 믿음인가? 다

---

[60] 이 질문 또한 세속화된 신학적인 문제학의 일반적인 과정에서 나타난다.

른 가능성들과는 다른 선택의 필연성인가, 선택의 자유인가?

사랑을 증명하기 어렵다는 점이 갖는 긍정적인 기능 하나는 사랑의 증명이 결혼을 결정하도록 작용한다는 데에 있다. 성교 자체는 문화적으로 평범한 것이 되었기 때문에, 증명 수단으로서의 타당성을 상당히 상실하였다. 왜냐하면 성교에 대한 관심은 어차피 전제되기 때문이다. 우리는 어젯밤의 일이 사랑이었는지를 다음 날 아침에 벌써 의심할 수 있다. 왜냐하면 적어도 고유한 감정이 지속한다는 확실성을 순간으로부터 얻을 수 있을, 고도로 발전된 육체적인 민감성은 평범한 것으로 전제될 수 없기 때문이다. 그래서 결혼하겠다는 용의는 전형적으로 사랑을 증명하는 것이며, 결혼을 거부하는 것은 거의 그 반대를 증명하는 것이다. 그리고 (예컨대 이미 결혼했기 때문에) 결혼 관계를 맺을 **수 없는** 쌍들은 자신들의 환상이 잘못되었다고 한탄할 계기를 갖게 된다.

그러한 사정과는 무관하게 육체적인 아름다움과 매력은 사랑을 쉽게 증명할 수 있게 해준다. 그것은 평범하지 않은 것으로서, 특히 제3자에 대해서도 그러하다. 아름다움은 근본적인 구성요소로서 사랑이라는 상상증후군에 속하며,[61] 또한 거의 필수적이며 인위적이며 문학적인 소도구인 것으로 보인다.[62] 어쩌면 그에 대한 원인 가운데 하나가 여기에 있을지도 모른다. 자신의 미모를 잘 아는 사람은 사랑받고 있음을 쉽게 믿을 수 있다. 미인을 사랑하는 사람은 자신이 사랑한다는 것을 상대와 자기 자신에게 더 쉽게 납득시킬 수 있다.

이러한 동기 문제, 납득 문제, 증명 문제의 부담을 안은 채, 사랑이 전제가 되어 결정한 결혼은 개인에게는 미혼 상태에 있을 핑계거리가 되는 동시에 결혼을 통해 무릅쓸 위험을 뜻한다. 그러한 결혼은 사랑을 토대로서 제도화하는 사회에서는 파급 효과가 큰 사

---

61) 예를 들어 Henry T. Finck, *Romantic Love and Personal Beauty*, London 1887을 볼 것. 그렇게 됨으로써 아름다움의 이상이 형식적이며 내용적으로 아직 견고하게 확정된 것은 결코 아니다. 그 이상은 지난 20년간의 발전에서 보여주는 것처럼, 매력을 포기하고, 통속적으로 난폭하게 만드는 서술 방식을 허용할 수 있다. 사랑 대신에 성애적 잠재의 무한성을 입증할 수 있을 것처럼 말이다.

62) 인상 깊은 예외 하나는 몇 년 전 미국 영화인 「마티(Marty)」가 보여준다.

회 차원의 문제들 없이도 가능해야 한다. 그것은 또한 감당할 수 있는 개인적인 운명이 되어야 한다.[63] 사회적 접촉에 대한 접근에서는 확실한 방해들이 있는 것처럼 보인다.[64] 다른 한편 종교적인 문제들이 있는 것은 아니며,[65] 경제적이거나 직업적인 차별도 거의 없다.

이제는 사랑을 학습하는 문제를 해결하는 것이 근본

---

63) 사회학적으로 그렇게 유용하지 않은, 그러한 사적 운명들의 서술에 대해서는 Erich Stern, *Die Unverheirateten*, Stuttgart 1957을 참조할 것.

64) 하지만 이러한 불이익들은 추정컨대 제도적인 장애들에 기초하는 것이 아니라, 미혼자들은 교제 능력이 강한 결혼 파트너의 주도성, 즉 파트너를 감동시키고 다른 사람에게서도 공감을 이끌어낼 수 있을 주도성이 부족하다는 데에 기초하고 있다.

65) 그 점에 관해서는 사회들, 즉 그 종교성이 구체적으로 선조숭배로서 나타나고, 그 이유만으로 제식의 속행을 보장하기 위해 준비되었고, 의무에 합당하며, 비록 전혀 강제되지는 않은 성혼을 행하는 사회들과 비교해보라. 가령 T'ung-Tsu Ch'ü, *Law and Society in Traditional China*, Paris/Den Haag 1961, 99쪽 이하, 또는 Nobushige Hozumi, *Ancestor-Worship and Japanese Law*, Tokio 1901, 49쪽 이하에서 오늘날 광범위하게 축소된 질서에 관해 볼 수 있다.

적으로 복잡한 문제가 되었다. 근대 초기 교육학이 시작된 시기에는 그 문제를 근본적인 과제라고 생각하였다. 사랑이 성적 관계에 기초하게 된 것과 그와 함께 주어진, 사랑하는 사람들이 특별히 둘만 있어야 한다는 필연성이 생겨났고, 이 문제를 해결하기 위해 가족 안과 바깥에서 제도적인 해법을 찾는 것을 어려운 문제로 만들어버렸던 것이다.[66] 오늘날 사회가 제공하는 학습 가능성들에 접근하는 것은 물론 어려운 일은 아니지만, 그러한 가능성들은 언제나 부분 측면들만을 포괄하며 근본적인 것은 빠뜨린다. "거리의 세미나"(Aubert), 화장실 벽[의 낙서들], 신문 가판대, 영화, 또래들의 잡담에서 우리는 성에 대한 관심의 보편성이 전제하는 것 정도밖에 배우지 못한다. 그리고 그것은 특히 용기를 필요로 하는 사람에게 도움이 될 것이다. 우리는 [자녀들이 이른 나이에 성 관계를 가지는 것을] 걱정하는 부모들이 위험을 의식하고 있

---

[66] 이 점에 관해서는 Aubert a.a.O., 202, 206쪽 이하를 참조할 것. 그밖에도 상당히 피상적으로, David R. Heise, "Cultural Patterning of Sexual Socialization", *American Sociological Review 32* (1967): 726-739를 참조할 수 있다.

기 때문이며 기껏해야 [피임과 관련한] 청결의 필요성 때문이라고 생각한다. 교사들은 그 과정에서 사람들이 보통 어떤 감정을 느끼는지를 가르치는 것이 아니라, 그 과정을 객관화된 생리학으로서 가르칠 뿐이며, 이것은 특이하게도 비교육적인 현상이라고 할 수 있다. 사회는 고유한 경험을 직접적인 개인 수업에서 바로 훈련시키는 것을 승인하지 않으며, 그렇게 훈련시키는 것은 필요한 요구들을 충족시키지도 못한다. 유혹과 매춘은 그러한 요구들을 위해 준비된 역할 맥락들이다. 그래서 최초의 성 경험이 학습 능력이 있는 감정 방식들을 각인하는가, 아니면 청결과 관련된 도식주의로서 객관화되거나, 칫솔질을 하거나 가려워서 긁는 것 사이의 어디쯤에 둘 일인가 하는 것은 우발에 맡겨진 상태에 남아 있다.

이러한 토대에서 사랑하는 사람들 사이의 사회적인 기대 구조를 어떻게 학습할 것인지의 문제에 있어서도 사정은 더 좋지 않다. 우리는 다양한 사랑의 경험들이 보통 사랑에 대한 개인들의 능력을 무력화시키거나 둔화시키는 것이 아니라, 오히려 증대시키고 중요 능력을 발전시킨다는 것을 지지하는 확실한 근거들을 가지고 있다.[67] 그러나 그러한 사랑의 경력을 위한 제도화된 길이 없다. 오히려 그 반대로 사랑의 이상으로 강렬해지는 도덕적 거부만 있을 뿐이다.

이 모든 것에 따르면, [우리 사회는] 육체적이며 사회적으로 세련된 민감성을 훈련시키기 위해 충분히 준비할 여지나 능력을 갖추고 있지 않다. 자연적으로 주어진 것에 있지 않고 배워야 하는 모든 것에 대해서도 충분히 준비하지 못하고 있다. 개인이 자신의 경험들을 자기 자신과 그리고 파트너와 함께 개별화하는 것을 배울 수 있도록 도와주는 준비가 없기도 하다. 클라우스 되르너(Klaus Dörner)[68]가 말하는 현대의 "성적 관계의 사회화"는 전승될 수 있는 문화를

---

67) Waller/Hill, a.a.O. 138-139, 141-142를 참조할 것. 이 문헌은 Clifford Kirkpatrick/Theodore Caplow, "Courtship in a Group of Minnesota Studens", *American Journal of Sociology 51* (1945): 141-125의 자료 조사를 참조하고 있다.

68) 산업사회에서의 성애적 파트너 관계이다. "Zu einer kritischen Soziologie der Sexualität", *Soziale Welt 17* (1966) 329-345. 331쪽의 환기를 볼 것. "성애는 인간들의 그 밖의 행동방식들에 미치는 형성 능력이 상당히 약화되었으며"(Bürger-Prinz), 그 점에 대해 과거에는 달랐는지 아닌지 그리고 그 이유에 대한 질문을 제기해야 한다.

발전시킬 출발점이 되지 못했다. 어쨌든 그러한 사회화는 목표하는 학습 대신 성적 적합성을 혼전에 어느 정도 테스트할 수 있게 해주기는 한다. [이와는 달리] 감정에 따라 고도로 긴장된 기대의 압력을 받는 중에도 적합성을 보여 달라는 문화적 규범들은 감소 추세에 있다.[69]

이 분석은 몇몇 역기능들을 보여 주었다. 그 역기능들은 구조적인 조건을 가진 문제들로서 우리 사회에 부담을 주기는 하지만, 그 즉시 생존에 필수적이며 추월될 수 없는 순위를 아직 차지한 것은 아니다. 사랑이라는 소통매체가 특수한 과정들과 사회의 부분체계들에서 제도화된 것은 이 분화와 기능적 특화의

---

[69] Beigel, a.a.O., 333은 다음과 같은 표현을 감히 시도할 수 있었다. "섹스는 성적 적합성(궁합)의 혼전 테스트가 금지되어 있기 때문에, 우리 문화에서는 선택적인 대행자로서 효과적이지 못하다. 그 대신 심리적으로 성적 감정들에 의해 생산된 매력이 상호 적절성의 지표로서 간주된다. 그것은 물론 이러한 기대를 채우지 못한다..." 하지만 오늘날 근본적인 제한은 더 이상 혼전 성관계 금지에 있는 것이 아니라, 다음과 같은 문화적 규범에 있다. "사랑이 먼저이고, 그 다음에야 섹스를 할 수 있다." 이 규범은 금지 규정을 대체했고, 여전히 가능성들의 상당한 제한, 특히 반대 진행의 거부를 의미한다.

파생 문제들이 해결되는 요구 수준에 직접 달려 있는 것은 아니다. 바로 이 지점에서, 결코 소진될 수 없는 가능성들의 투사 가능성이 기능적 분화에 의해 열린다는 점이 중요해진다. 개별 기관들, 매체들, 부분체계들을 분리하여 살펴보는 것은 기능적으로 분화된 우리 사회에서 과도한 요구들이나 부분 기능들을 도덕화하거나 위기에 대한 한탄으로 호도하기만 할 뿐이다. 오로지 그 개념성에 있어서 전체를 개괄하려 모색하는 사회이론만이 그러한 실수로부터 스스로를 방어해낼 수 있을 것이다.

도르트문트, 1969년 3월

편집자 주

『열정으로서의 사랑』[1]은 1982년(Frankfurt)에 출간되었다. 루만은 사랑도 소통매체들 가운데 하나로 다루며 진리나 화폐나 권력과 비교 가능하게 만드는 소통매체의 일반 이론을 이미 그보다 8년 전에 소개했다.[2] 『열정으로서의 사랑』은 이 일반 이론의 사회학적 사유 수단을 사용하고 있는데, 그 사유 중에는 체험과 행위의 구별이 있기도 하지만, 사랑의 매체이론이 그 구별에 해당된다고 설명하는 과제까지 해결이

---

1) 새물결, 정성훈, 권기돈, 조형준 옮김. 2009.
2) 그 논문은 "Einführende Bemerkungen zu einer Theorie symbolisch generalisierter Kommunikationsmedien이다. Niklas Luhmann, *Soziologische Aufklärung I: Aufsätze zur Theorie sozialer Systeme*, 2. Aufl. Opladen 1975, 170-193에 재인쇄되어 있다.

시도된 것은 아니었다. 그보다는 그 책은 사랑이라는 주제의 사상사를 이해 가능하게 만드는 지식사회학적 프로그램을 추구하였다. 『사회의 사회』[3] (Frank-furt, 1997)의 소통 장에서 사랑에 관한 주제를 마지막에 다룬 부분이 『열정으로서의 사랑』과 비슷하게 간접적인 측면을 드러내고 있다. 그 작업 역시 1974년의 논문처럼 주로 매체 비교를 지향하는 구성을 갖추고 있다.

1969년에 작성되고 이 책에서 출간된 텍스트는 다음과 같은 점에서 고유한 특성을 가지고 있다. 이 텍스트에서는 사랑이라는 이념의 역사에 대한 회고와 다른 매체 영역에서 나타난 유사한 현상들을 함께 살피는 작업이 뚜렷하게 축소되었다. 그 대신 이 책은 사랑이라는 주제와 직접 관련된 근대적인 사랑 관계의 사회학을 제시하고 있다.[4] 그래서 루만은 석학들의 역사적인 이론들을 덮어둔 채, 당시의 최근 연구문헌들을 살펴보고 있다. 그 결과 20세기의 독자들이 읽기 쉬운 연구가 생성되었던 것이다. 이 텍스트는 일

---

3) 새물결, 장춘익 역, 2014.
4) *Macht*, Stuttgart, 1975를 참조할 것.

반 독자들에게는 매우 난해한 『열정으로서의 사랑』과는 달리 사회학의 문외한과 체계이론을 잘 모르는 사람도 비교적 이해하기 쉽다.

그 이유는 이 글이 대학 강의에 사용할 목적으로 만들어졌던 데에 있을 것이다. 이 글은 애초 루만이 빌레펠트 대학에 부임하던 해에 개설한 세미나 텍스트로 쓰였지만, 지금까지 미출간 상태에 있었다. 『열정으로서의 사랑』에서도 이 글은 한두 단락만 인용했을 뿐이다. 그 후 그 원고는 루만의 연구실에서 사라졌다. 그 원고는 수십 년이 지난 몇 주 전 루만의 학문적인 유산들이 담긴 상자에서 다시 발견되었다. 즉시 출간 작업에 착수하였고, 루만의 10주기 기일인 올해 11월에 맞추어 발간될 수 있었다. 베로니카 루만-슈뢰더(Veronika Luhmann-Schröder)와 안드레아스 겔하르트(Andreas Gelhard)가 이 제안을 즉시 수용해주었던 데에 감사한다.

빌레펠트 2008년 6월
안드레 키절링(André Kieserling)

<근간>

니클라스 루만

벌거숭이 임금님
신임보스의 사회학
Der neue Boss

이 철 옮김

조직의 현실은 상사가 부하직원을 좌지우지하는 것으로만 유지되지 않는다. 오히려 그 반대이다. 힘없는 사람이 힘 있는 사람에게 존경을 표함으로써 자의적으로 행동하지 못하게 하는 체계의 원리가 사회의 현실을 더 많이 결정한다.

이 책은 취임하는 부서의 장이 인위적으로 짜여진 사회(social)질서에 의해 어떻게 포섭되고 무력화되는지를 정치한 이론으로 보여준다. "신임 보스", "자발적 질서의 형성", "아래로부터의 감시 또는 상사 조종 기술"이라는 세 편의 글은 완전히 새로운 조직사회학적 관점에서 펼쳐지는 새로운 세계를 보여준다. 이 책은 조직을 이론적으로 공부하거나 실천적으로 활용하거나, 아니면 조직을 개혁하려는 모든 사람의 필독서이다.

<이론출판의 책들>

니클라스 루만

사회이론 입문
Einführung in die Theorie der Gesellschaft

디르크 베커 편집
이 철 옮김

니클라스 루만은 빌레펠트 대학에서 개설한 자신의 마지막 강의에서 근대사회가 움직일 새로운 여지들과 항해 가능성들을 만들어주는 이론을 근대사회에 제시하겠다는 목표를 추적한다. 루만은 과거 사회들과 그 사회들의 구조들과 사고방식들에 차광 장치를 설치함으로써, 근대사회가 지금까지의 모든 사회와 어떤 점에서 구별되는지를 분석해낸다. 루만은 그에 병행하여 사회학에 생소한 개념들을 갖고 오늘날의 사회를 기술한다. 그 개념들은 주로 체계이론에서 유래하지만, 생물학, 사이버네틱스, 커뮤니케이션이론과 정보이론에 근거하기도 한다.
루만은 자신의 이론을 국제 재정시장, 정치, 언어, 근대 커뮤니케이션매체 등과 같은 구체적인 경험적 현상들에 지향하고, 그럼으로써 자신의 이론을 선명하게 부각시킨다. 루만은 강의를 진행해나가면서 기존의 인식 장벽들과 사고 장벽들을 붕괴시키고, 현재 사회의 성격과 형식을 제대로 볼 수 있도록 안내한다.

<이론출판의 책들>

니클라스 루만

사회의 교육체계
Das Erziehungssystem der Gesellschaft

디터 렌첸 편집
이철 · 박여성 옮김

이 책은 근대사회의 교육 현상을 생성되는 모습 그대로 정의하고, 그 제도화 과정과 해부도를 제시한다. 인간완성, 인간해방과 같은 목적론적 관점에서 교육을 바라보지 않는다. 이데올로기와 가치들을 추구하는 대신, 정확한 현실 분석과 실현 가능한 대안을 고민해보자는 것이다.

니클라스 루만은 이러한 기술이론descriptive theorie을 통해, 교육의 맹목성과 무능력을 비판이론보다 더 급

진적으로 보여준다. 그리고 문제 해결을 위해, 교육의 자기준거와 타자준거의 관계, 교육과 사회의 관계의 균형을 회복할 것을 촉구한다.

<이론출판의 책들>

한스 페터 헤네카

사회학의 기본 — 사회학적 사유와 관찰
Grundkurs Soziologie

이철 · 박한경 옮김

이 책은 일반 사회학 개론서와는 달리, 사회학적 사유와 관찰에 필요한 정수들로 독자들을 초대한다. 아리스토텔레스, 토마스 아퀴나스, 이븐 칼둔, 마키아벨리, 파레토 등을 사회학자로서 만날 수 있다. 마르크스, 뒤르켐, 베버에 집중된 국내 사회학에, 짐멜, 파슨스, 다렌도르프를 더하여, 인간, 사회, 사회적 연관성으로서의 집단에 대해 균형 잡힌 분석을 한 토대에서 통합이론과 갈등이론을 비교한다. 또한 대표적인 조사방법들, 즉 관찰, 설문조사, 이차 분석, 내용 분석, 전기적 방법, 실험, 행위조사, 소시오메트리, 네트워크 분석의 핵심 내용들을 매우 함축적으로 전달한다. 독자들은 사회학적 관점, 사회과학적 인식과 조사 방법, 사회학적 경험조사의 실행 능력을 획득할 수 있을 것이다.

<이론출판의 책들>

칼-하인리히 베테

사회의 스포츠
니클라스 루만의 체계이론에 기초한 연구들
Systemtheorie und Sport

송형석 · 이철 옮김

체계이론은 탈(脫)주체화를 통한 주체 해명을 추구한다. 처음에는 혼란스럽고 역설적인 이 공식은 근대 인간의 가능성과 곤경을 의외의 다른 방식과 현실에 적절한 방식으로 설명한다.

관찰의 재귀성의 조건 하에서는 관찰로부터 자유로운 관찰이란 존재하지 않는다. 체육학의 모든 분과 과학들은 자신의 연구 작업이 다른 관찰자에 의해 관찰되도록 해야 한다. 이러한 견해는 많은 체육학자들이 스포츠의 번영을 위해 만들어낸 스포츠와 과학의 통일상을 뒤흔들어 놓을 것이다.